W0054330

Backen

HIGH LIFE

LOW CARB

Für all die treuen Kunden.
Ohne euch könnte ich meinen
Traum nicht leben.

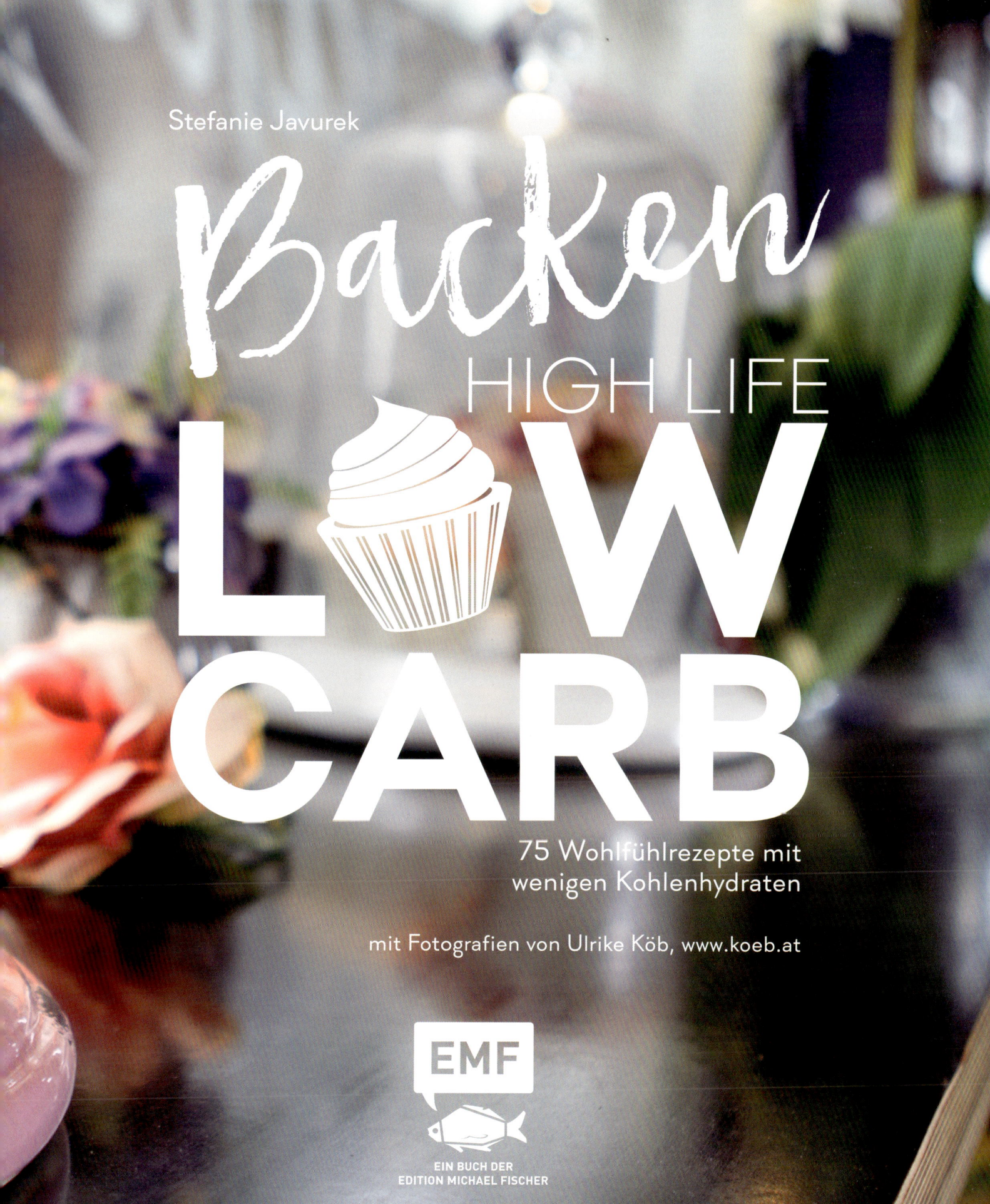

Stefanie Javurek

Backen
HIGH LIFE
LOW
CARB

75 Wohlfühlrezepte mit
wenigen Kohlenhydraten

mit Fotografien von Ulrike Köb, www.koeb.at

EMF

EIN BUCH DER
EDITION MICHAEL FISCHER

INHALT

22 Kuchen

12 Grundlagen

122 Kekse, Pralinen und kleine Köstlichkeiten

S. 192
S. 184
S. 190
S. 176
S. 182
S. 188
S. 178
S. 194

172 Pikantes und Herzhaftes

Servus liebe Low-Carb-Freunde,

Low Carb hat mir zu einem besseren und zufriedeneren Leben verholfen. Als ich damit anfing, gab es jedoch kaum brauchbare Backbücher zu diesem Thema und auch im Internet fand man nur spärlich ein paar Informationen. Daher begann ich, mir viele Rezepte selbst auszudenken. Diese möchte ich gern mit euch teilen. Ich will euch zeigen, wie leicht es geht, gesund und lecker zu backen, ganz nach dem Motto High Life – Low Carb!

Ich möchte mich, auch wenn es unüblich ist, bereits hier im Vorwort bei einigen Menschen bedanken. Ich finde, dies gehört bereits zu Beginn erwähnt. Zunächst bedanke ich mich bei allen Gästen und Kunden des jaja's Low Carb Café Bistro. Mit eurer Treue, eurem Lob, aber auch eurer Kritik bringt ihr das jaja's zum Wachsen. Ein großer Dank geht auch an mein Team, ohne das ich es niemals so weit gebracht hätte. Eine besondere Unterstützung bei der Entstehung dieses Buches war meine Konditorin Yasemin. Danke dir!

Besonders bedanke ich mich auch bei meinen Freunden, die mir mit Tatendrang zur Seite stehen, und bei meinen Eltern. Meinem Vater, der mich mit seinem Erfahrungsschatz und seinem Gespür für die Geschäftswelt unterstützt und ohne den ich nie so weit gekommen wäre.
Ebenso danke an meine Mutter, die in den emotionalen Momenten mit mir gemeinsam lacht oder weint. Oder beides. Und ich bedanke mich von ganzem Herzen bei meinem Mann, der nicht müde wird zu kosten, zu loben und zu kritisieren. Danke für deine Unterstützung und, dass du an meiner Seite bist.

Dann mal ran an die Kochlöffel und los geht's!

Eure

Stefanie

ERNÄHRUNG…

… IST WAHRSCHEINLICH EINE DER WICHTIGSTEN ENTSCHEIDUNGEN,
DIE EIN MENSCH FÜR SEIN LEBEN TRIFFT. DR. INGRID SPONA, PRAKTIZIERENDE
ÄRZTIN UND HEILPRAKTIKERIN AUS WIEN, ERKLÄRT WARUM.

Gerade in Hinblick auf die Ernährung ist der Dschungel der Ratschläge und Empfehlungen verwirrend und letztlich auch für Fachleute fast undurchschaubar: alles roh oder doch alles gekocht, viel Fett, gar kein Fett, wenig Eiweiß, viel Eiweiß, Getreide ist kontraproduktiv, wir brauchen unbedingt Kohlenhydrate und so weiter. Diese Liste ließe sich endlos fortsetzen.

WAS SOLL NUN EINE GUTE ERNÄHRUNG LEISTEN?

Sie soll dem Organismus gute Nährstoffe liefern, satt machen, Energie bringen und das Körpergewicht stabil halten oder auch, falls nötig, auf ein gesundes Maß reduzieren. Darüber ist sich auch die Wissenschaft einig, allerdings nicht in allen Punkten über die Art und Weise wie dies am besten erreicht werden kann.

Grundlegend muss man sich einmal vor Augen führen, dass unsere Nahrung aus Eiweiß, Fetten, Kohlenhydraten, Vitaminen und Spurenelementen sowie Ballaststoffen besteht. Alle Ernährungsexperten sind sich darin einig,

dass Vitamine und Spurenelemente als Hilfsstoffe unbedingt notwendig und Ballaststoffe für die Darmgesundheit sehr wichtig sind. Es ist auch klar, dass Eiweiß und bestimmte Fette dem Organismus unbedingt zugeführt werden müssen, weil sie einen geordneten Stoffwechsel bedingen und nicht vom Körper selbst hergestellt werden können.

Bleiben noch die Kohlenhydrate. Sie sind nicht essenziell, obwohl die Zellen Glucose, also Zucker als Energiequelle verwenden. Dieser kann aber auch aus Eiweiß und Fetten bereitgestellt werden.

Eines ist jedenfalls unbestritten: hohe Schwankungen des Blutzuckerspiegels, wie sie nach schnell verfügbaren Kohlenhydraten auftreten, machen hungrig, müde und führen außerdem zu einem unbändigen Verlangen nach Süßigkeiten, also weiteren schnell verwertbaren Kohlenhydraten. Der Grund dafür ist eine erhöhte Ausschüttung von Insulin. Dies ist eine lebenswichtige und folgerichtige Reaktion des

Organismus auf die Zufuhr von Kohlenhydraten. Insulin ist dafür zuständig, den Zucker in die Zelle einzuschleusen.

Werden zu viele dieser Kohlenhydrate zugeführt und nicht sofort durch körperliche Anstrengung wieder verbraucht, nimmt die Empfindlichkeit des Systems ab, die Zellen werden zunehmend gegen Insulin unempfindlich. Das bedeutet, dass die Nährstoffversorgung der Zellen nicht mehr gesichert ist und der Körper als erste Reaktion verzweifelt immer mehr Insulin produziert.

Die Folge ist eine Insulin-Resistenz. Falls man in diesem Stadium nicht gegensteuert, kommt es zu Diabetes mit allen Folgeerscheinungen. Aber nicht nur das: auch Gefäß-schäden, Fettstoffwechselstörungen, Übergewicht und Entzündungserscheinungen sind die Folge! Die Entzündungen verlaufen unmerkbar und schleichend (sog. silent inflammation) und gelten als DER Schlüssel im Alterungsprozess und als Ursache für viele Krankheiten.

Mit „Low Carb" ist man also auf jeden Fall auf der sicheren Seite: Es gibt weder Insulin-Spitzen noch Müdigkeit nach den Mahlzeiten oder neue Heißhunger-Attacken bereits kurz nach dem Essen, dafür ist es aber eine gute Ernährungsform für eine geregelte Fettverbrennung.

„Low Carb" ist also keine kurzfristige langweilige Diät, sondern ein grundlegendes Bekenntnis zu einem gesunden Lebensstil.

Umso schöner, dass es Initiativen gibt, die Wege aufzeigen, wie man trotz Vermeidung von Zucker wunderbare Süßigkeiten genießen kann.

In diesem Sinne wünsche ich dem vorliegenden Buch eine weite Verbreitung

Dr. Ingrid Spona

GRUNDLAGEN

WISSENSWERTES ÜBER LOW CARB

LOW CARB IST EINE ERNÄHRUNGSFORM, BEI DER DIE KOHLENHYDRATE IN DER NAHRUNG REDUZIERT WERDEN. DIES KANN AUS VERSCHIEDENEN GRÜNDEN ERFOLGEN, MEIST UM AN GEWICHT ZU VERLIEREN ODER UM DEN GESUNDHEITSZUSTAND ZU VERBESSERN.

VORTEILE VON LOW CARB

Der größte Vorteil ist der konstante Insulinspiegel. Wenn wir Kohlenhydrate essen, steigt der Blutzuckerspiegel an und, als Folge davon, auch der Insulinspiegel. Das ist sowohl langfristig für unsere Gesundheit ein Problem als auch für unser Hungergefühl. Denn steigt der Insulinspiegel, empfindet man Heißhunger, was zu Essattacken führen kann. Wer sich Low Carb ernährt, hat einen wesentlich konstanteren Insulinspiegel als jemand, der regelmäßig mehr Kohlenhydrate zu sich nimmt.

Wenn der Insulinspiegel angestiegen ist, verwertet der Körper hauptsächlich den Zucker im Blut, um Energie zu gewinnen. Danach werden Glykogenreserven aus Leber und Muskeln herangezogen und erst ganz zum Schluss das Fett. Vereinfacht gesagt: Erst werden die Kohlenhydratspeicher geleert, bevor der Körper beginnt, die Fettreserven anzugreifen. Daher verbrennt der Körper automatisch mehr Fett, wenn die Kohlenhydratspeicher leerer sind.

Oft verbessern sich bei einer Low-Carb-Ernährung auch eventuell vorhandene Schlafstörungen und Stimmungsschwankungen oder Störungen und Erkrankungen des Stoffwechsels sowie eine Schilddrüsenunterfunktion. Wer sich einmal an die Low-Carb-Ernährung gewöhnt hat, will meist gar nicht mehr zurück, denn Low Carb ist im Alltag einfach umzusetzen und man hat ein geringeres Hungergefühl. Weil Low Carb keine Mangeldiät ist, kann man sich langfristig nach diesem Prinzip ernähren.

DIE BEKANNTESTEN LOW-CARB-FORMEN

ATKINS-DIÄT

Sie gilt als der Ursprung aller Low-Carb-Diäten und wurde in den 1970er-Jahren von Dr. Robert Atkins entwickelt. Die Atkins-Diät gilt als sehr streng und ist in vier Phasen aufgebaut, von denen die letzte als lebenslange Ernährungsform zu verstehen ist. Da diese Diät ziemlich einseitig ist und dadurch Mangelerscheinungen auftreten können, war sie schon öfter in der Kritik.

LOGI-METHODE

= Low Clycemic and Insulinemic Diet. Auch bei dieser Diät sollen Schwankungen des Blutzuckerspiegels vermieden werden. Die Lebensmittel werden nach ihrem Einfluss auf den Blutzuckerspiegel in Gruppen eingeteilt. Erlaubt sind alle Lebensmittel mit einem niedrigen glykämischen Index, also mit einem geringen Einfluss auf den Blutzuckerspiegel – und zwar auch wenn sie teilweise einen relativ hohen Kohlenhydratwert haben. Die LOGI-Methode gilt als besonders leicht umzusetzen. Sie erlaubt mehr Lebensmittel als eine strenge Low-Carb-Diät. Zu der Gruppe der am häufigsten zu verzehrenden Lebensmittel zählen Nüsse, Fleisch und Milchprodukte.

SOUTH-BEACH-DIÄT
Die Diät hat drei Phasen, wobei in der ersten fast gänzlich auf Kohlenhydrate verzichtet wird. Nach und nach dürfen dann mehr Kohlenhydrate mit einem niedrigen glykämischen Index gegessen werden. Generell gilt: drei Hauptmahlzeiten pro Tag und zwei Snacks zur Auswahl.

MONTIGNAC-METHODE
Diese Methode ist ebenfalls nach dem LOGI-Prinzip aufgebaut, allerdings kommen einige weitere Regeln hinzu. So dürfen zum Beispiel Obst und Gemüse nur auf nüchternen Magen verzehrt werden.

SIND ALLE KOHLENHY–DRATE SCHLECHT?

Nein, sind sie nicht. Kohlenhydrate werden in kurzkettige (Einfachzucker = Monosaccharide und Zweifachzucker = Disaccharide) und langkettige Kohlenhydrate (Mehrfachzucker = Polysaccharide) eingeteilt, wobei die kurzkettigen den Blutzuckerspiegel stärker und schneller ansteigen und auch wieder abfallen lassen. Dahingegen lassen langkettige Kohlenhydrate den Blutzuckerspiegel weniger und langsamer ansteigen und auch langsamer wieder abfallen.

Nimmt man solche langkettigen Kohlenhydrate zu sich, bekommt man deshalb erst später wieder Hunger.

Kurzkettige Kohlenhydrate sind z.B. in:
- Haus- und Rohrzucker
- Malz- sowie Rübenzucker
- einigen Obstsorten
  (s. unter „Die wichtigsten Lebensmittel" ab S. 17)
- Weißbrot

Langkettige Kohlenhydrate sind u.a. in:
- Vollkornprodukten
- Kartoffeln
- Linsen
- Reis
- Nüssen
- Trockenobst

Fazit: Wenn du Kohlenhydrate isst, solltest du darauf achten, dass es sich um langkettige handelt. Wenn also deine Mama sagt, Vollkornspaghetti seien gesünder als weiße, dann hör auf sie!

WIE BEGINNE ICH MIT LOW CARB?

Am Anfang empfiehlt es sich, erst einmal eine Mahlzeit pro Tag nach dem Low-Carb-Prinzip zu gestalten. So kannst du zum Beispiel abends hauptsächlich Gemüse und Fleisch oder Fisch statt Brot, Kartoffeln, Nudeln oder Reis essen. Die meisten Menschen nehmen bereits dadurch schon etwas ab und fühlen sich schon nach kurzer Zeit besser. Wer sich davon motivieren lässt und mehr will, dehnt das Prinzip einfach auf mehr Mahlzeiten aus.

DIE WICHTIGSTEN LEBENSMITTEL

GEMÜSE UND SALAT

Diese Lebensmittel enthalten besonders viele Ballaststoffe und Vitamine. Die Faustregel ist: Je grüner ein Gemüse, desto weniger Kohlenhydrate enthält es. So hat zum Beispiel eine grüne Paprikaschote weniger Kohlenhydrate als eine rote, beziehungsweise ein roter Apfel hat mehr Fruchtzucker als ein grüner.

PFLANZLICHE ÖLE

Es ist extrem wichtig, gesunde Fette zu essen, denn der Körper braucht essenzielle Fettsäuren, kann sie aber selbst nicht produzieren. Besonders gesund sind zum Beispiel Kokosfett, kalt gepresstes Oliven-, Distel- oder Mandelöl. Als Geheimtipp gilt auch Leinöl, das sogar den Fettstoffwechsel ankurbelt, wenn man es regelmäßig verzehrt.

NÜSSE

Nüsse sind optimale Sattmacher für Zwischendurch, und sie werden auch nie langweilig, weil es so viele verschiedene Sorten gibt. Meine Lieblingsnuss ist die Walnuss, und ich habe für längere Autofahrten immer welche dabei, falls mich der Hunger packt. Da Nüsse im verschlossenen Sackerl sehr lange haltbar sind, kann man sich im Büro, zu Hause oder auch im Auto einen kleinen Vorrat anlegen (gut verstecken, sie schmecken nämlich allen sehr gut).

Beim Kauf im Supermarkt ist bei Nüssen eigentlich alles erlaubt. Du solltest nur darauf achten, dass sie nicht zu stark gesalzen oder gar gezuckert sind.

SAMEN UND KÖRNER

Leinsamen, Chiasamen, Sesam und Co. zählen mittlerweile zu den Geheimtipps, um abzunehmen! Sie enthalten sehr viele Ballaststoffe, die eigentlich zu den Kohlenhydraten zählen, aber (genauso wie Erythrit) nicht verwertbar sind und daher wieder ausgeschieden werden. Während die Ballaststoffe unseren Körper passieren, haben sie aber dennoch eine Funktion: Sie kurbeln unsere Verdauung so richtig an und sind auch bei Verstopfung zu empfehlen. Allerdings quellen sie im Körper auf, weshalb du, gerade zu Beginn, nur kleine Mengen verwenden und immer genug trinken solltest, um Bauchschmerzen zu vermeiden.

Für einen guten Start in den Tag sorgen die Samen und Körner gleich in der Früh zum Müsli oder verarbeitet in einem Smoothie (z.B. wie ab S. 162).

FLEISCH UND FISCH

Eine ideale Eiweißquelle für unseren Körper! Manche Fischsorten, wie der Lachs, sind zudem noch besonders reich an Omega-3-Fettsäuren. An Fleisch empfiehlt sich besonders mageres Rindfleisch und Geflügel.

Was mir am Herzen liegt: Ich esse selbst auch mehrmals in der Woche Fleisch und Fisch, achte aber sehr darauf, dass die Tiere artgerecht gehalten wurden und der Fisch nachhaltig gefangen wurde.

EIER

Die einst als Cholesterinbomben verrufenen Eier erfahren ein Image-Comeback und sind in der Low-Carb-Ernährung in Maßen verwendet sehr zu empfehlen.

MILCHPRODUKTE

In ihrer natürlichen Fettstufe genossen, liefern Milchprodukte unserem Körper hochwertiges Eiweiß.

OBST

Bei Obst gilt: Vorsicht! Bananen, rote süße Äpfel, Mangos und weitere süße Obstsorten enthalten der Bezeichnung entsprechend viel Fruchtzucker. Daher sollte man sie nur in Maßen genießen. Überraschend wenig Kohlenhydrate haben die meisten Beeren!

ZUCKERERSATZSTOFFE

Diese helfen uns, im Alltag auf Haushaltszucker zu verzichten. Mehr dazu erfährst du ab Seite 66 unter „Low Carb und süß – wie geht das?"

GRUNDLAGEN DES LOW-CARB-BACKENS

AUCH WER SICH LOW CARB ERNÄHRT, MUSS AUF LECKEREN KUCHEN UND KNUSPRIGE KEKSE NICHT VERZICHTEN. DOCH LEIDER KANNST DU DEINE LIEBLINGSREZEPTE NICHT EINS ZU EINS MIT LOW-CARB-BACKZUTATEN NACHBACKEN. DIE BESTEN TIPPS UND TRICKS VERRATE ICH DIR.

DAS GEHEIMNIS

Generell kommt es beim Backen immer auf das richtige Verhältnis von trockenen und nassen Zutaten an. Für das Backen in der Low-Carb-Küche benötigt man etwas mehr Flüssigkeit, da Low-Carb-Mehle wesentlich mehr davon aufnehmen als normales Weizenmehl. Außerdem haben die verschiedenen Mehlarten ein unterschiedliches Quellvermögen. Doch so kompliziert, wie es im ersten Augenblick klingt, ist es in der Umsetzung gar nicht. Denn wie überall im Leben macht auch hier Übung und ein bisschen Experimentieren den Meister.

In Büchern wie diesem und auch im Internet gibt es inzwischen eine beachtliche Sammlung an Low-Carb-Rezepten. Darunter auch einige Kuchen und Torten. Und wenn du einmal den Dreh raushast, kannst du dich auch an eigene Rezepte und Kreationen wagen. Damit bei deinen Experimenten nichts schiefgeht, tausche die einzelnen Zutaten zunächst nur untereinander aus, ohne gleich ganze Torten neu erfinden zu wollen. In manchen Rezepten auf den folgenden Seiten findest du auch einige Tipps, wie bestimmte Backzutaten ersetzt werden könnten.

DIE BACKZUTATEN

Im Grunde werden beim Backen lediglich Mehl und Zucker gegen Low-Carb-Zutaten ausgetauscht. Die anderen Backzutaten wie Backpulver, Ei, Butter oder Öl dürfen alle verwendet werden, wobei du immer auf gute Qualität und Verarbeitung achten solltest.

ZUCKERERSATZSTOFFE

Von den Zuckerersatzstoffen sind Erythrit und Xylit die bekanntesten (mehr dazu auch ab Seite 66) – hier ist die Sache ganz einfach, denn beide können Zucker 1:1 ersetzen!

SCHOKOLADE

Schokolade in verschiedenen Sorten gibt es mittlerweile ohne Zuckerzusatz zu kaufen. Diejenigen, die ich im jaja's Low Carb Café Bistro verwende, sind mit Erythrit gesüßt. Da ich aber möchte, dass möglichst viele der in diesem Buch verwendeten Zutaten im Einzelhandel zu kaufen sind, habe ich mich entschieden, für diese Rezepte Zartbitterschokolade mit mindestens 85 % Kakaoanteil zu verwenden. Je größer der Kakaoanteil der Schokolade, desto geringer ist automatisch der Zuckeranteil.

MEHLE

Bei den Mehlen gibt es etwas mehr Auswahl und verschiedene Einsatzmöglichkeiten. Unterschiede gibt es auch in der Verarbeitung. Generell werden bei der Mehlproduktion die jeweiligen Nüsse oder Samen von ihrer Schale getrennt, sofern dies notwendig ist, und anschließend gepresst. Dabei entsteht Öl und der Presskuchen. Letzterer wird dann zu feinem Mehl vermahlen. Man spricht hier auch von „entöltem Mehl". Es werden auch nicht entölte Mehle angeboten, die viel mehr Fett enthalten und für die meisten Backrezepte NICHT geeignet sind. Wenn in diesem Buch also etwa die Rede von Mandelmehl ist, dann ist immer entöltes Mehl gemeint!

Übrigens: Einige Low-Carb-Rezepte schlagen Gluten als Bindemittel vor. Da nämlich in Nussmehlen im Gegensatz zum Weizenmehl kein Gluten enthalten ist, binden Low-Carb-Mehle zwangsläufig schlechter. Ich persönlich habe noch nie Gluten zugeführt und finde auch nicht, dass die Backwaren schlechter halten.
Mit den folgenden Mehlsorten habe ich schon gebacken – wir verkaufen sie auch alle im Bistro und im Shop auf unserer Homepage. Die besten Erfahrungen habe ich mit Mandel-, Walnuss- und Kokosmehl gemacht.

MANDELMEHL

Im Gegensatz zu gemahlenen Mandeln hat Mandelmehl deutlich weniger Fett und Kalorien. Außerdem ist es wesentlich feiner vermahlen, und es hat keinen offensichtlichen Nuss-Geschmack, wodurch es sich neben der Herstellung von süßen Leckereien jeglicher Art auch perfekt für die Zubereitung von pikanten und auch neutralen Backwaren eignet.

KOKOSMEHL

Ideal für süße Backwaren, da es leicht nach Kokos schmeckt. Dieses Mehl ist außerdem extrem ergiebig: Man benötigt immer nur eine kleine Menge, weil es sehr viel Flüssigkeit aufnimmt und gut quillt.

LEINMEHL

Für Backwaren wie Brot, Kuchen und Gebäck. Es hat ein sehr gutes Quellvermögen und benötigt daher etwas mehr Flüssigkeit als herkömmliches Weizenmehl.

KÜRBISKERNMEHL

Ähnlich wie beim Mandelmehl beinhaltet auch Kürbiskernmehl deutlich weniger Fett als gemahlene Kürbiskerne und liefert wertvolle Ballaststoffe. Beim Backen benötigt es etwas mehr Flüssigkeit als herkömmliches Weizenmehl.

WALNUSSMEHL

Walnussmehl zeichnet sich besonders durch seine hohen Proteinwerte aus und ist deshalb eine perfekte Backalternative zu Weizenmehl.

TRAUBENKERNMEHL

Perfekt geeignet als Paniermehl für Gemüse, Fisch und Fleisch. Es schmeckt auch hervorragend als gesunde Zugabe im Müsli oder Smoothie.

CHIAMEHL

Chiamehl eignet sich beim Backen zum einen als Ei- sowie als Mehlersatz. Chiasamen, auch als Kraftsamen der Maya bekannt, sind besonders reich an wertvollen Nährstoffen wie Kalzium, Eisen, Protein und wichtigen Omega-3- und Omega-6-Fettsäuren.

GUT ZU WISSEN

Damit deine Kuchen, Torten und Cupcakes gut gelingen, gibt es hier ein paar Tipps direkt aus der jaja's-Backstube.

Beim Backen sollten alle Zutaten immer **Raumtemperatur** haben – egal, ob du Low Carb backst oder nicht, so verbinden sich die Zutaten besser. Besonders wichtig ist dies bei Eiern und Butter sowie anderen Milchprodukten.

In meiner Anfangszeit ist es mir öfter passiert, dass ich zu nachlässig war, wenn es darum ging, Eier oder Butter aufzuschlagen oder **schaumig** zu schlagen. Bis Eier richtig schaumig sind, dauert es gut und gern 2 Minuten. Eiweiß ist steif aufgeschlagen, wenn du die Schüssel umdrehen kannst und nichts herausfällt.

Wenn man in einen Teig viel **Luft** eingearbeitet hat, ist es sehr wichtig, schnell zu arbeiten, damit die Luft nicht entweicht. Das gilt auch, sobald das Backpulver im Teig ist. Deswegen ist es in den meisten Rezepten eine der letzten Zutaten, die zum Teig gegeben werden.

Wer viel backt, dem empfehle ich eine **Küchenmaschine**, denn sie nimmt einem viel Arbeit ab. Man kann bequem nach und nach weitere Zutaten in die Masse geben, während sie geschlagen wird. Bei einigen Teigen merkt man auch an der Qualität der Verarbeitung, ob sie mit einer Küchenmaschine gemacht wurden. Doch letztlich ist die Anschaffung einer Küchenmaschine jedem selbst überlassen. Meine Mutter hat zum Beispiel bis heute nur ein Handrührgerät – das ist älter als ich bin – und sie macht damit trotzdem perfekte Nachspeisen!

KUCHEN

JOHANNISBEER-STREUSELKUCHEN

knusprig, süß und sauer

ZUTATEN

für 12 Personen

Für die Streusel

20 g Butter
60 g Mandelmehl
20 g Staub-Erythrit
1 Prise Zimt

Für den Boden

2 Eier (M)
50 g Erythrit
50 ml Rapsöl
80 g Frischkäse
70 g Mandelmehl
1 TL Bourbon Vanille
   (oder Mark von 1 Vanilleschote)
1 TL Backpulver
200 g Johannisbeeren

Außerdem

Springform (Ø 22 cm)
Butter für die Form

DURCHSCHNITTLICHE NÄHRWERTANGABEN

pro Stück

kcal 107
kJ 447
Protein 6,1 g
Kohlenhydrate 8,7 g
davon verwertbare
   Kohlenhydrate 2,87 g
davon Zucker 1,8 g
Fett 7,5 g

1. Für die Streusel Butter, Mandelmehl, Staub-Erythrit und Zimt gut miteinander verkneten – das dauert ungefähr 4 Minuten. Dann den Streuselteig zu einer Stange von etwa 6 cm Durchmesser formen. In Frischhaltefolie einwickeln und 2 Stunden in den Kühlschrank legen.

2. Den Backofen auf 180 °C Ober- und Unterhitze vorheizen. Die Springform ausfetten.

3. Die Eier mit dem Erythrit in der Küchenmaschine oder mit dem Handrührgerät sehr schaumig aufschlagen.

4. Öl, Frischkäse und Mandelmehl hinzugeben und etwa 30 Sekunden weiterschlagen. Dann Vanille und Backpulver untermischen.

5. Den Teig in die Springform füllen und glatt streichen. Die Beeren auf dem Teig verteilen.

6. Den Streuselteig aus dem Kühlschrank nehmen, mithilfe einer groben Käsereibe Streusel reiben und diese anschließend gleichmäßig über den Kuchen geben.

7. Im vorgeheizten Ofen auf der mittleren Schiene ungefähr 40 Minuten backen. Den Kuchen herausnehmen und auskühlen lassen.

8. Servieren und ohne schlechtes Gewissen genießen!

TIPP
Wenn der Teig vorzeitig anfängt braun zu werden, kannst du ihn mit Alufolie abdecken.

BROMBEER– BISKUITROULADE

beerig fein

ZUTATEN

für 8 Personen

Für den Teig
5 Eier (M)
120 g gemahlene Mandeln
80 g Staub-Erythrit

Für die Creme
500 g Sahne
100 g Quark
50 g Staub-Erythrit
150 g Brombeeren

DURCHSCHNITTLICHE NÄHRWERTANGABEN

pro Stück

kcal 295
kJ 1238
Protein 6,8 g
Kohlenhydrate 20,8 g
davon verwertbare
   Kohlenhydrate 4,55 g
davon Zucker 4,0 g
Fett 28,2 g

1. Den Backofen auf 200 °C Ober- und Unterhitze vorheizen. Ein Backblech mit Backpapier belegen.
2. Die Eier trennen und das Eiweiß steif schlagen. Zuerst Eigelb, dann gemahlene Mandeln und erst zum Schluss Staub-Erythrit unter den Eischnee heben.
3. Die Biskuitmasse auf das Backblech geben und glatt streichen. Im vorgeheizten Ofen auf der mittleren Schiene etwa 12 Minuten backen.
4. Das Backblech aus dem Ofen nehmen und den Biskuit etwa 5 Minuten auf dem Blech abkühlen lassen. Dann vorsichtig vom Backpapier herunternehmen und erkalten lassen.
5. In der Zwischenzeit für die Creme die Sahne steif schlagen. Die restlichen Zutaten hinzufügen und vorsichtig unterheben, dabei einige Brombeeren für die Verzierung beiseitelegen. Die Creme auf den Biskuit auftragen, nach Belieben ein wenig Creme für die Verzierung zurückbehalten. Den Biskuit vorsichtig einrollen.
6. Die Biskuitroulade nach Belieben mit ein wenig Creme, Staub-Erythrit oder Beeren verzieren.
7. Servieren und ohne schlechtes Gewissen genießen!

BUTTERMILCHKUCHEN MIT BIRNENMUS

perfekt für jeden Tag

ZUTATEN

für 16 Personen

Für den Teig

4 Eier (M)
170 g Erythrit
200 ml Buttermilch
150 g Mandelmehl
1 TL Natron
2 TL Backpulver

Für das Birnenmus

6 Birnen
3 EL Erythrit
5 EL Zitronensaft
Wasser

Außerdem

Kastenform (20 x 10 cm)
Butter für die Form

DURCHSCHNITTLICHE NÄHRWERTANGABEN

pro Stück

kcal 62
kJ 260
Protein 5,1 g
Kohlenhydrate 17,2 g
davon verwertbare
  Kohlenhydrate 6,58 g
davon Zucker 5,4 g
Fett 1,3 g

1. Den Backofen auf 170 °C Ober- und Unterhitze vorheizen. Die Kastenform ausfetten.

2. Die Eier mit dem Erythrit in der Küchenmaschine oder mit dem Handrührgerät sehr schaumig aufschlagen.

3. Die Buttermilch unter Rühren zugeben. Danach Mandelmehl, Natron und Backpulver hinzufügen.

4. Den Teig in die Kastenform füllen und im vorgeheizten Ofen auf der mittleren Schiene 40–50 Minuten backen. Stäbchenprobe nicht vergessen! Den Kuchen aus dem Backofen nehmen und auf einem Kuchengitter auskühlen lassen.

5. In der Zwischenzeit für das Birnenmus die Birnen schälen, entkernen und in kleine Würfel schneiden. Zusammen mit Erythrit und Zitronensaft in einen Topf geben und mit Wasser bedecken. Aufkochen und bei niedriger Hitze köcheln lassen, bis die Birnen sehr weich sind. Danach pürieren und abkühlen lassen.

6. Das Mus als Beilage zusammen mit dem Buttermilchkuchen servieren und ohne schlechtes Gewissen genießen!

TIPP
Das Birnenmus eignet sich auch optimal als Beilage zu anderen Kuchen!

MANDARINENKUCHEN MIT QUARKCREME

ruckzuck und einfach

ZUTATEN
für 12 Personen

Für den Teig

1 Glas zuckerfreie,
eingelegte Mandarinen (300 g)
60 g zimmerwarme Butter
1 Eigelb (M)
50 g Erythrit
60 g Mandelmehl

Für den Belag

200 g Frischkäse
200 g Quark
2 Eier (M)
100 g Staub-Erythrit
1 TL Bourbon Vanille
  (oder Mark von 1 Vanilleschote)

Außerdem

Springform (Ø 18 cm)
Butter für die Form

DURCHSCHNITTLICHE NÄHRWERTANGABEN
pro Stück

kcal 141
kJ 592
Protein 6,6 g
Kohlenhydrate 16,3 g
davon verwertbare
  Kohlenhydrate 3,8 g
davon Zucker 3,8 g
Fett 10,8 g

1. Den Backofen auf 150 °C Ober- und Unterhitze vorheizen. Anschließend die Springform ausfetten.

2. Die Mandarinen abgießen und den Saft auffangen. Beides zunächst einmal beiseitestellen.

3. Butter, Eigelb, Erythrit und Mandelmehl mit dem Handmixer oder der Küchenmaschine verrühren. Dann 40 ml von dem Mandarinensaft hinzugeben, den Rest anderweitig verwenden. Den Teig in die Springform füllen und im vorgeheizten Ofen auf der mittleren Schiene ungefähr 10 Minuten vorbacken, dann herausnehmen.

4. Für den Belag Frischkäse, Quark, Eier, Erythrit und Vanille mit dem Handrührgerät gut miteinander verrühren.

5. Die Mandarinen vierteln und auf den Boden geben. Dann die Frischkäse-Creme darauf verteilen. Den Kuchen wieder in den Ofen geben und ungefähr 45 Minuten backen.

6. Auf einem Kuchengitter erkalten lassen, servieren und ohne schlechtes Gewissen genießen!

TIPP
Decke den Kuchen mit Alufolie ab, damit er beim Backen nicht zu braun wird.

CHEESECAKE-APFELKUCHEN

perfekt für den Sommer

ZUTATEN

für 12 Personen

2 Eier (M)
80 g Erythrit
30 ml Rapsöl
200 g Quark
200 g Joghurt
10 g Mandelmehl
1 TL Backpulver
1 Apfel (rot oder gelb)

Außerdem
Springform (Ø 18 cm)
Butter für die Form

DURCHSCHNITTLICHE NÄHRWERTANGABEN

pro Stück

kcal 60
kJ 249
Protein 3,0 g
Kohlenhydrate 10,1 g
davon verwertbare
   Kohlenhydrate 3,43 g
davon Zucker 3,3 g
Fett 3,6 g

1. Den Backofen auf 150 °C Ober- und Unterhitze vorheizen. Anschließend die Springform ausfetten.
2. Die Eier mit dem Erythrit sehr schaumig aufschlagen. Danach das Öl gründlich unterrühren.
3. Quark und Joghurt in einer separaten Schüssel vermischen und unter die Eiermasse heben. Nun das Mandelmehl und Backpulver daraufsieben und gut unterrühren.
4. Den Teig in die Springform füllen. Den Apfel waschen, schälen, entkernen und in dünne Scheiben schneiden. Die Scheiben auf den Teig legen und auf der mittleren Schiene 40–50 Minuten backen.
5. Den Apfelkuchen vorsichtig aus der Form lösen, auf einem Kuchengitter erkalten lassen, servieren und ohne schlechtes Gewissen genießen!

LOW CARB IM ALLTAG

GERADE ZU BEGINN EINER ERNÄHRUNGSUMSTELLUNG GIBT ES EINIGE DINGE
ZU BEACHTEN, DIE DIR SPÄTER GANZ NORMAL ERSCHEINEN.

WORAUF SOLL ICH BEIM EINKAUFEN ACHTEN?

Du kannst dich gut an der Liste mit den wichtigsten Lebensmitteln auf Seite 17 orientieren. Wichtig ist, dass du bei
verarbeiteten Lebensmitteln darauf achtest, dass kein
Zucker zugesetzt ist. Dies ist leider häufiger der Fall, als
man denkt, und kommt auch bei Lebensmitteln vor, bei
denen du es sicher nicht vermutest.

Generell gilt: Je unverarbeiteter ein Lebensmittel ist, desto
besser kann der Körper es verwerten. So ist zum Beispiel
ein Vollfettjoghurt besser verwertbar als ein Magerjoghurt.
Achte bei Ölen und Fetten auf eine gute Herkunft und
Verarbeitung. Dies gilt auch ganz besonders für Fleisch
und alle anderen tierischen Erzeugnisse.

WIE VERHALTE ICH MICH BEI PARTYS?

Bei Partys oder beim Abendessen mit Freunden kann es
schon mal zu unangenehmen Momenten kommen. Insbesondere, wenn du gerade dabei bist, deine Ernährung
umzustellen. Das Wichtigste ist: Steh dazu! Erkläre jedem,
warum du dich entschieden hast, bestimmte Lebensmittel
nicht zu dir zu nehmen. Und wer weiß, vielleicht bist du
dann auf der nächsten Party nicht mehr der oder die Einzige!
Übrigens verbreitet sich Low Carb immer mehr, und
somit stehen die Chancen schon recht gut, dass du nicht
allein damit bist.

Generell gilt aber: Wenn du im Voraus weißt, dass es bei
einer Veranstaltung für dich kaum etwas zu essen geben
wird, sei selbst kreativ: Bring etwas mit, von dem auch die
anderen Gäste probieren können, und du wirst sehen, dass
es allen schmecken wird. In diesem Buch findest du be-
stimmt das eine oder andere Rezept, das du auf den Buf-
fet- oder Kaffeetisch „mogeln" kannst. Kaum einer wird
merken, dass es sich um ein Low-Carb-Gericht handelt.

WAS MACHE ICH IM RESTAURANT?

Die meisten Restaurants sind sehr entgegenkommend, wenn
du eine andere Beilage haben möchtest und zum Beispiel
darum bittest, Kartoffeln durch grünes Gemüse zu ersetzen.
Außerdem haben viele Restaurants Low Carb als Trend
erkannt und ihr Angebot entsprechend angepasst.

KLASSISCHER GUGELHUPF

klassisch gut

ZUTATEN

für 16 Personen

Für den Teig
70 g Butter
5 Eier (M)
160 g Erythrit
Salz
140 g Mandelmehl
1 TL Bourbon Vanille oder
    Inhalt einer Vanilleschote
1 TL Natron
3 TL Backpulver

Zum Garnieren
Staub-Erythrit, nach Belieben

Außerdem
Gugelhupfform
Butter für die Form

DURCHSCHNITTLICHE NÄHRWERTANGABEN

pro Stück

kcal 63
kJ 264
Protein 4,2 g
Kohlenhydrate 10,4 g
davon verwertbare
    Kohlenhydrate 0,4 g
davon Zucker 0,3 g
Fett 4,6 g

1. Den Backofen auf 180 °C Ober- und Unterhitze vorheizen. Die Gugelhupf-form ausfetten.

2. Die Butter zerlassen und zum Abkühlen beiseitestellen.

3. Die Eier mit dem Erythrit und 1 Prise Salz in der Küchenmaschine oder mit dem Handrührgerät sehr schaumig aufschlagen.

4. Die zerlassene Butter unter Rühren zugeben. Danach Mandelmehl, Vanille, Natron und Backpulver hinzufügen.

5. Den Teig in eine Gugelhupfform füllen und im vorgeheizten Ofen auf der mittleren Schiene etwa 45 Minuten backen. Stäbchenprobe machen! Herausnehmen und auskühlen lassen.

6. Nach Belieben mit Staub-Erythrit bestreuen, dann servieren und ohne schlechtes Gewissen genießen!

MOHN-MANDEL-KUCHEN MIT KIRSCHEN

perfekt für alle Kirschenliebhaber

ZUTATEN

für 12 Personen

80 g Butter
500 g Kirschen
3 Eier (M)
140 g Erythrit
Salz
100 g Mandelmehl
100 g gemahlenen Mohn
2 TL Backpulver

Außerdem

Springform (Ø 18 cm)
Butter für die Form

DURCHSCHNITTLICHE NÄHRWERTANGABEN

pro Stück

kcal 145
kJ 606
Protein 6,4 g
Kohlenhydrate 17,9 g
davon verwertbare
   Kohlenhydrate 6,23 g
davon Zucker 5,2 g
Fett 10,2 g

1. Den Backofen auf 180 °C Ober- und Unterhitze vorheizen. Die Springform ausfetten.
2. Die Butter zerlassen und zum Abkühlen beiseitestellen. Die Kirschen waschen, entkernen und halbieren.
3. Die Eier mit dem Erythrit und 1 Prise Salz in der Küchenmaschine oder mit dem Handrührgerät sehr schaumig schlagen.
4. Die zerlassene Butter unter Rühren zugeben. Danach Mandelmehl, Mohn und Backpulver hinzufügen. Zuletzt die Kirschen vorsichtig unterheben.
5. Den Teig in die Springform füllen und im vorgeheizten Ofen auf der mittleren Schiene 30 Minuten backen. Stäbchenprobe machen! Herausnehmen, aus der Form lösen und auf einem Kuchengitter auskühlen lassen.
6. Servieren und ohne schlechtes Gewissen genießen!

LIMETTENKUCHEN MIT MANDELSPLITTERN

fruchtig sauer

ZUTATEN

für 12 Personen

200 g weiche Butter
200 g Erythrit
5 Eier (M)
200 ml Buttermilch
4 Bio-Limetten
300 g Mandelmehl
1 TL Backpulver
150 g gehobelte Mandeln

Außerdem

Springform (Ø 22 cm)
Butter für die Form

DURCHSCHNITTLICHE NÄHRWERTANGABEN

pro Stück

kcal 217
kJ 910
Protein 12,5 g
Kohlenhydrate 18,4 g
davon verwertbare
   Kohlenhydrate 1,73 g
davon Zucker 1,5 g
Fett 16,8 g

1. Den Backofen auf 170 °C Ober- und Unterhitze vorheizen. Die Spring-form einfetten.

2. Die Butter mit dem Erythrit in der Küchenmaschine oder mit dem Handrührgerät sehr schaumig schlagen. Die Eier hinzugeben und unge-fähr 30 Sekunden weiterschlagen. Nun die Buttermilch unterrühren.

3. Von den Limetten die Schale abreiben. Mehl, Backpulver und Limetten-schale vermischen und zur Eiermasse geben. Den Teig in die Spring-form füllen und im vorgeheizten Ofen etwa 40 Minuten backen.

4. Den Kuchen aus dem Backofen nehmen und auf einem Kuchengitter er-kalten lassen. Den Saft der Limetten auspressen, mit den gehobelten Mandeln vermischen und auf dem Kuchen verteilen.

5. Servieren und ohne schlechtes Gewissen genießen.

NÄHRWERTANGABEN

SIE SIND UNABLÄSSIG BEI FAST JEDER ERNÄHRUNGSUMSTELLUNG.
WIE ABER LESE ICH NÄHRWERTANGABEN RICHTIG?

Als Nährwertangaben bezeichnet man die Angabe des durchschnittlichen Nährwerts auf Verpackungen. Bisher mussten diese Angaben nur dann gemacht werden, wenn das Produkt mit einem bestimmten Wert beworben wird. Ab 2017 sind Hersteller in Europa generell verpflichtet, die sogenannten „Big 7" anzuführen. Diese sind:

- Brennwert
- Fett
- gesättigte Fettsäuren
- Kohlenhydrate
- Zucker
- Eiweiß
- Salz

Leider ist diese Angabe nicht aussagekräftig genug, da sie Kohlenhydrate pauschalisiert. In der Low-Carb-Ernährung unterscheiden wir zwischen verwertbaren und nicht verwertbaren bzw. zwischen verstoffwechselbaren und nicht verstoffwechselbaren Kohlenhydraten. Zu den nicht verwertbaren Kohlenhydraten zählen unter anderem Ballaststoffe und Zuckeralkohole wie Erythrit. Da diese leider nicht angegeben werden müssen, machen sich verständlicherweise nur wenige Produzenten die Mühe, dies zu tun. Das macht es nicht gerade einfach, wenn man sich Low Carb ernähren möchte.

Deswegen habe ich mich entschieden, im Bistro, bei meinen Online-Rezepten und auch hier im Buch die Kohlenhydrate zu unterscheiden. In der Nährwerttabelle findest du immer die Gesamtmenge an Kohlenhydraten, und die Zahl an verwertbaren Kohlenhydraten. Diese letzte Zahl ist die entscheidende, denn nur die verwertbaren Kohlenhydrate bleiben in deinem Körper, alle anderen scheidest du wieder aus! Mehr dazu kannst du im Text „Low Carb und süß – wie geht das?" ab Seite 66 lesen.

Ein hoher Fettwert in Nährwerttabellen ist nicht gleich ein Hinweis auf eine ungesunde Speise. Entgegen ihres schlechten Rufs sind – vorausgesetzt du wählst die „richtigen" – Fette auch gesunde Energielieferanten. Solange du darauf achtest, ungesättigte Fettsäuren zu dir zu nehmen, die sich vor allem in Avocados, verschiedenen Fischarten wie Hering, Makrele und Lachs, in Nüssen sowie verschiedenen Ölen befinden, sind diese in Ordnung. Versuche auch, hohe Fett- nicht mit hohen Kohlenhydratwerten zu kombinieren. Denn aus dieser Zusammensetzung bestehen die wahren Dickmacher wie Pommes, Pizza und Co.

SCHOKO-CHILI-MINIS

⋙⟶ *süßer Happs mit scharfer Note* ⟵⋘

ZUTATEN

für 12 Stück

Für den Teig

50 g Zartbitterschokolade
   (mind. 80 % Kakaoanteil)
60 g Butter
2 Eier (M)
60 g Erythrit
Salz
20 g Kakaopulver (ungesüßt)
10 g Chiliflocken
60 g Mandelmehl
1 TL Backpulver

Zum Garnieren

12 Walnusskerne

Außerdem

Mini-Muffinblech
12 Mini-Papierförmchen

DURCHSCHNITTLICHE NÄHRWERTANGABEN

pro Stück

kcal 82
kJ 343
Protein 2,9 g
Kohlenhydrate 6,2 g
davon verwertbare
   Kohlenhydrate 1,2 g
davon Zucker 1,0 g
Fett 6,9 g

1. Den Backofen auf 170 °C Ober- und Unterhitze vorheizen. 12 Mulden des Muffinblechs mit den Papierförmchen auskleiden.
2. Die Schokolade mit der Butter im Wasserbad schmelzen lassen, dann beiseitestellen.
3. Die Eier mit dem Erythrit und 1 Prise Salz in der Küchenmaschine oder mit dem Handrührgerät sehr schaumig aufschlagen.
4. Die flüssige Schokolade untermischen. Kakao, Chili, Mandelmehl und Backpulver in einer separaten Schüssel vermengen. Auf die Eiermasse geben und unterrühren.
5. Die Masse auf die Förmchen verteilen. Jeden Mini mit einer Walnuss belegen und im vorgeheizten Ofen auf der mittleren Schiene ungefähr 15 Minuten backen.
6. Servieren und ohne schlechtes Gewissen genießen!

TIPP

Die Schoko-Chili-Minis lieber zu kurz als zu lang backen, damit sie schön feucht bleiben.

KLASSISCHE PFLAUMENKÜCHLEIN

perfekt für den Besuch der Schwiegermutter

ZUTATEN

für 8 Personen

1 Ei (M)
40 g Erythrit
250 g Quark
100 g gemahlene Mandeln
1 EL gehobelte Mandeln
1 TL Bourbon Vanille
1 TL Backpulver
300 g Pflaumen

Außerdem
8 kleine Tortenringe (Ø 8 cm)

DURCHSCHNITTLICHE NÄHRWERTANGABEN

pro Stück

kcal 116
kJ 484
Protein 6,9 g
Kohlenhydrate 10,2 g
davon verwertbare
  Kohlenhydrate 5,2 g
davon Zucker 5,0 g
Fett 7,3 g

1. Den Backofen auf 170 °C Ober- und Unterhitze vorheizen. Ein Backblech mit Backpapier belegen und die Tortenringe daraufsetzen.
2. Das Ei mit dem Erythrit schaumig aufschlagen. Quark mit gemahlenen Mandeln, gehobelten Mandeln, Vanille und Backpulver vermischen und unter die Eimasse heben. Den Teig in die Tortenringe füllen.
3. Die Pflaumen waschen, Stiele entfernen, dann die Früchte halbieren und entsteinen. Die Pflaumenhälften gleichmäßig auf den Küchlein verteilen und diese im vorgeheizten Ofen 25 Minuten backen. Stäbchenprobe nicht vergessen!
4. Aus dem Backofen nehmen, auskühlen lassen und ohne schlechtes Gewissen genießen!

ROULADE MIT KIWICREME

cremig und sommerlich

ZUTATEN

für 8 Personen

Für den Teig
5 Eier (M)
120 g gemahlene Mandeln
80 g Staub-Erythrit

Für den Belag
6 Kiwis
100 g Sahne
500 g Mascarpone
80 g Staub-Erythrit

DURCHSCHNITTLICHE NÄHRWERTANGABEN

pro Stück

kcal 126
kJ 529
Protein 3,9
Kohlenhydrate 21,3
davon verwertbare
 Kohlenhydrate 1,3
davon Zucker 1,3
Fett 11,9

1. Den Backofen auf 200 °C Ober- und Unterhitze vorheizen. Ein Backblech mit Backpapier belegen.
2. Die Eier trennen und das Eiweiß steif aufschlagen. Zuerst Eigelbe, dann gemahlene Mandeln und zum Schluss Staub-Erythrit unterheben.
3. Den Teig auf das Backblech geben und gleichmäßig verteilen.
4. Im vorgeheizten Ofen auf der mittleren Schiene etwa 12 Minuten backen. Herausnehmen und ungefähr 5 Minuten auf dem Blech abkühlen lassen. Dann vorsichtig vom Backpapier herunternehmen und auf einem Kuchengitter vollständig auskühlen lassen.
5. In der Zwischenzeit die Kiwis schälen und in dünne Scheiben schneiden. Für die Creme die Sahne steif schlagen und Mascarpone sowie Staub-Erythrit unterheben.
6. Die Creme gleichmäßig auf dem Teig verteilen, darauf die Kiwischeiben legen. Dabei sowohl von der Creme als auch von den Scheiben genügend für die Außenseite zurückbehalten. Die Teigplatte vorsichtig aufrollen.
7. Die Roulade von außen mit Creme bestreichen und mit den beiseitegelegten Kiwischeiben dekorieren.
8. Servieren und ohne schlechtes Gewissen genießen!

TIPP
Du kannst die Kiwis auch pürieren oder in Würfelchen schneiden – dann lässt sich die Roulade noch leichter aufrollen.

BLECHKUCHEN MIT RHABARBER UND FRISCHKÄSE

außergewöhnlich und leicht schokoladig

ZUTATEN
für 15 Personen

60 g Butter
200 g Zartbitterschokolade
   (mind. 80 % Kakaoanteil)
2 Stangen Rhabarber
4 Eier (M)
100 g Erythrit
200 g Frischkäse
150 g Mandelmehl
1 TL Bourbon Vanille
   (oder Mark von 1 Vanilleschote)
Salz
1 TL Backpulver

Außerdem
Backform (20 x 30 cm)
Butter für die Form

DURCHSCHNITTLICHE NÄHRWERTANGABEN
pro Stück
kcal 190
kJ 793
Protein 7,6 g
Kohlenhydrate 9,9 g
davon verwertbare
   Kohlenhydrate 3,23 g
davon Zucker 2,5 g
Fett 15,3 g

1. Den Backofen auf 170 °C Ober- und Unterhitze vorheizen. Die Backform gründlich ausfetten.
2. Die Schokolade mit der Butter im Wasserbad schmelzen lassen, dann zum Auskühlen beiseitestellen. Den Rhabarber schälen und in feine Streifen von ungefähr 4 cm Länge schneiden.
3. Die Eier mit dem Erythrit sehr schaumig aufschlagen. Den Frischkäse mit der Butter-Schokoladen-Masse vermischen und unter die Eier heben. Dann Mandelmehl, Vanille, 1 Prise Salz und Backpulver unterheben und den Teig in die Backform füllen.
4. Den Teig mit dem Rhabarber bedecken, dabei die Rhabarberstücke leicht hineindrücken. Im vorgeheizten Ofen auf der mittleren Schiene etwa 20 Minuten backen.
5. Herausnehmen, auskühlen lassen – dann servieren und ohne schlechtes Gewissen genießen!

SCHOKO-KOKOS-BOMBEN

für wahre Kokosliebhaber

ZUTATEN

für 8 Personen

Für den Teig
100 g Butter
5 Eier (M)
200 g Erythrit
150 g Kokosmehl
1 TL Bourbon Vanille
   (oder Mark von 1 Vanilleschote)
1 TL Backpulver

Für die Glasur
200 g Zartbitterschokolade
   (mind. 80 % Kakaoanteil)
3 EL Rapsöl
200 g Kokosflocken

Außerdem
8 kleine Tortenringe (Ø 8 cm)

DURCHSCHNITTLICHE NÄHRWERTANGABEN

pro Stück

kcal 623
kJ 2594
Protein 9,9 g
Kohlenhydrate 47,8 g
davon verwertbare
   Kohlenhydrate 14,47 g
davon Zucker 12,0 g
Fett 55,2 g

2. Backofen auf 180 °C Ober- und Unterhitze vorheizen. Ein Backblech mit Backpapier belegen und die Tortenringe daraufsetzen.

3. Die Butter zerlassen und zum Abkühlen beiseitestellen.

4. Eier und Erythrit mit dem Handrührgerät oder der Küchenmaschine gut aufschlagen, bis ein cremiger Schaum entsteht. Die zerlassene Butter hinzugeben. Kokosmehl, Vanille und Backpulver auf die Eiermasse geben und vorsichtig unterheben.

5. Den Teig in die Tortenringe füllen und im vorgeheizten Ofen auf der mittleren Schiene etwa 30 Minuten backen. Die Küchlein herausnehmen und abkühlen lassen.

6. Schokolade und Öl für die Glasur im Wasserbad schmelzen, beiseitestellen und ein wenig abkühlen lassen.

7. Den Rand der Küchlein in die Schokolade tauchen und mit Kokosflocken bestreuen, solange die Schokolade noch feucht ist.

8. Servieren und ohne schlechtes Gewissen genießen!

ZUCCHINIKÜCHLEIN

ungewöhnlich – und köstlich saftig

ZUTATEN

für 4 Personen

120 g Butter
2 Zucchini (ca. 500 g)
3 Eier (M)
80 g Erythrit
Salz
100 g Mandelmehl
90 g gemahlene Mandeln
1 TL Bourbon Vanille
   (oder Mark von 1 Vanilleschote)
1 TL Backpulver

Außerdem

4 kleine Backformen (9 x 6 cm)
Butter für die Formen

DURCHSCHNITTLICHE NÄHRWERTANGABEN

pro Stück

kcal 469
kJ 1961
Protein 20,0 g
Kohlenhydrate 25,2 g
davon verwertbare
   Kohlenhydrate 5,2 g
davon Zucker 5,0 g
Fett 40,1 g

1. Den Backofen auf 170 °C Ober- und Unterhitze vorheizen und die kleinen Backformen ausfetten.
2. Die Butter zerlassen und zum Abkühlen beiseitestellen. Die Zucchini waschen, schälen und mit einer Reibe grob raffeln.
3. Eier mit dem Erythrit und 1 Prise Salz in der Küchenmaschine oder mit dem Handrührgerät sehr schaumig aufschlagen.
4. Erst die zerlassene Butter, dann die Zucchiniraspeln unter Rühren hinzugeben. Danach Mandelmehl, gemahlene Mandeln, Vanille und Backpulver dazufügen und gut unterheben.
5. Den Teig in die Backformen füllen und im vorgeheizten Ofen auf der mittleren Schiene 20–25 Minuten backen. Stäbchenprobe machen! Aus dem Backofen nehmen und auskühlen lassen.
6. Servieren und ohne schlechtes Gewissen genießen!

TIPP
Du kannst auch andere Backformen in einer ähnlichen Größe verwenden!

TORTEN

und

TARTES

SCHOKOKÜCHLEIN MIT MARONI-MASCARPONE-CREME

Knusprig und leicht

ZUTATEN

für 12 Personen

50 g Butter
200 g Zartbitterschokolade
   (mind. 80 % Kakaoanteil)
3 Eier (M)
110 g Erythrit
120 g Mandelmehl
1 TL Backpulver

Für die Creme

360 g Maronipüree (ungesüßt)
500 g Mascarpone
5 EL Staub-Erythrit

Außerdem

Springform (Ø 10–12 cm)
Butter für die Form
Spritzbeutel

DURCHSCHNITTLICHE NÄHRWERTANGABEN

pro Stück

kcal 385
kJ 1604
Protein 9,2 g
Kohlenhydrate 29,6 g
davon verwertbare
   Kohlenhydrate 16,68 g
davon Zucker 8,0 g
Fett 30,3 g

1. Den Backofen auf 165 °C Ober- und Unterhitze vorheizen. Die Springform gründlich ausfetten.
2. Die Butter zerlassen. Die Schokolade im Wasserbad schmelzen. Beides beiseitestellen und auf Zimmertemperatur abkühlen lassen.
3. Die Eier mit dem Erythrit sehr schaumig aufschlagen.
4. Schokolade und Butter unter die Eiermasse mischen, anschließend Mandelmehl und Backpulver unterziehen.
5. Den Teig in die Springform füllen und im vorgeheizten Ofen auf der mittleren Schiene ungefähr 20–25 Minuten backen. Herausnehmen und auf einem Kuchengitter auskühlen lassen.
6. Für die Creme alle Zutaten mit dem Handrührgerät oder der Küchenmaschine mixen, bis eine glatte Creme entsteht.
7. Die Creme mit einem Spritzbeutel oder Löffel auf den Boden auftragen.
8. Servieren und ohne schlechtes Gewissen genießen!

HEIDELBEER-MANDEL-TÖRTCHEN

perfekt bei warmem Wetter

ZUTATEN

für 6 Stück

Für den Boden

2 Eier (M)
100 g Erythrit
50 g Butter
2 EL Joghurt
120 g Mandelmehl
Mark von 1 Vanilleschote
1 TL Backpulver

Für Füllung und Dekoration

150 g Mandelsplitter
500 g Mascarpone
50 g Staub-Erythrit
abgeriebene Schale von
    ½ Bio-Zitrone
200 g frische Heidelbeeren

Außerdem

6 Tortenringe (Ø 8 cm)

DURCHSCHNITTLICHE NÄHRWERTANGABEN

pro Stück

kcal 617
kJ 2583
Protein 19,7 g
Kohlenhydrate 31,9 g
davon verwertbare
    Kohlenhydrate 6,9 g
davon Zucker 7,1 g
Fett 56,4 g

1. Den Backofen auf 170 °C Ober- und Unterhitze vorheizen. Ein Backblech mit Backpapier belegen und die Tortenringe daraufsetzen.

2. Die Eier mit dem Erythrit in der Küchenmaschine oder mit dem Handrührgerät aufschlagen, bis ein cremiger Schaum entsteht.

3. Die Butter zerlassen und auf Zimmertemperatur abkühlen lassen. Dann mit dem Joghurt vermischen und unter die Eiermasse rühren.

4. Erst Mandelmehl und Vanille, dann Backpulver hinzugeben und gründlich unterziehen.

5. Den Teig auf die Tortenringe verteilen und im vorgeheizten Ofen auf der mittleren Schiene 20–25 Minuten backen. Herausnehmen und auf einem Kuchengitter erkalten lassen. Wenn die Küchlein ganz ausgekühlt sind, einmal waagerecht durchschneiden.

6. In der Zwischenzeit die Mandelsplitter rösten und zur Seite stellen.

7. Für die Creme den Mascarpone mit dem Staub-Erythrit verrühren und die Zitronenschale hinzufügen. Die Creme auf den Tortenböden verteilen, dabei etwas für die Dekoration überlassen. Die Deckel vorsichtig auf die Cremeschicht setzen. Die restliche Creme auf die Törtchen verteilen und mit Heidelbeeren und Mandelsplittern dekorieren.

8. Servieren und ohne schlechtes Gewissen genießen!

Kirsch-Kokos-
Törtchen

Kaffee-
Walnuss-Törtchen

KIRSCH-KOKOS-TÖRTCHEN

eine feine Kombination

ZUTATEN
für 6 Stück
200 g Kirschen
30 g Butter
100 g Joghurt
3 Eier (M)
80 g Erythrit
200 g Kokosmehl
1 TL Backpulver

Für die Creme
500 g Mascarpone
50 g Staub-Erythrit
100 g Kokosflocken

Außerdem
6 Tortenringe (Ø 8 cm)
Spritzbeutel

DURCHSCHNITTLICHE NÄHRWERTANGABEN
pro Stück
kcal 647,83
kJ 2706
Protein 14,28 g
Kohlenhydrate 38,52 g
davon verwertbare
    Kohlenhydrate 16,85 g
davon Zucker 16,10 g
Fett 55,63 g

1. Den Backofen auf 160 °C Ober- und Unterhitze vorheizen. Ein Backblech mit Backpapier belegen und die Tortenringe daraufsetzen.
2. Die Kirschen waschen. 6 Kirschen für die Dekoration zur Seite stellen, die anderen Früchte entsteinen und in kleine Stücke schneiden.
3. Die Butter zerlassen und auf Zimmertemperatur abkühlen lassen. Dann mit dem Joghurt vermischen.
4. Die Eier zusammen mit dem Erythrit sehr schaumig aufschlagen. Die Butter-Joghurt-Mischung unterrühren. Danach das Kokosmehl vorsichtig unterheben und zum Schluss das Backpulver zugeben und gut vermischen.
5. Den Teig auf die Tortenringe aufteilen. Im vorgeheizten Backofen auf der mittleren Schiene ungefähr 25 Minuten backen. Danach auf einem Kuchengitter auskühlen lassen.
6. Wenn die Törtchen ganz ausgekühlt sind, diese einmal waagerecht durchschneiden.
7. Für die Creme Mascarpone und Staub-Erythrit mit dem Handrührgerät schlagen, bis eine glänzende Masse entsteht. Kokosflocken hinzufügen und alles vermischen.
8. Etwa zwei Drittel der Creme mit einem Spritzbeutel oder einem Löffel auf die jeweils unteren Hälften der Törtchen auftragen und die oberen Hälften daraufsetzen. Mit der restlichen Creme die Törtchen verzieren und mit der ganzen Kirsche dekorieren.
9. Servieren und ohne schlechtes Gewissen genießen!

KAFFEE-WALNUSS-TÖRTCHEN

 *passt immer*

ZUTATEN

für 4 Stück

2 Eier (M)
80 g Erythrit
25 ml Rapsöl
1 Espresso
150 g Walnussmehl
1 TL Backpulver

Für die Creme

500 g Sahne
50 g Staub-Erythrit
1 TL Bourbon Vanille
  (oder Mark von 1 Vanilleschote)

Außerdem

4 Tortenringe (Ø 8 cm)
Spritzbeutel
Walnusskerne für die Dekoration

DURCHSCHNITTLICHE NÄHRWERTANGABEN

pro Stück

kcal 599
kJ 2510,50
Protein 22,60 g
Kohlenhydrate 43,08 g
davon verwertbare
  Kohlenhydrate 10,58 g
davon Zucker 6,58 g
Fett 51,52 g

1. Den Backofen auf 170 °C Ober- und Unterhitze vorheizen. Ein Backblech mit Backpapier belegen und die Tortenringe daraufsetzen.

2. Die Eier zusammen mit dem Erythrit sehr schaumig aufschlagen. Das Rapsöl und den Espresso hinzufügen, danach das Walnussmehl sowie das Backpulver zugeben und alles gut vermischen.

3. Den Teig auf die Tortenringe verteilen und im vorgeheizten Ofen auf mittlerer Schiene ungefähr 25 Minuten backen. Danach auf einem Kuchengitter auskühlen lassen.

4. Wenn die Küchlein ganz ausgekühlt sind, einmal waagerecht durchschneiden.

5. Für die Creme die Sahne steif schlagen und die restlichen Zutaten untermischen. Ungefähr zwei Drittel der Creme mit einem Spritzbeutel (geht auch mit einem Löffel) auf die jeweils unteren Hälften auftragen und die oberen Hälften vorsichtig daraufsetzen. Mit der restlichen Creme die Kaffee-Walnuss-Törtchen verzieren und mit einem Walnusskern garnieren.

6. Servieren und ohne schlechtes Gewissen genießen!

LOW CARB UND SÜSS – WIE GEHT DAS?

OBWOHL ZUCKER ALS DER DICKMACHER SCHLECHTHIN VERSCHRIEN IST,
MUSS MAN NICHT VOLLKOMMEN AUF DIE SÜSSE VERZICHTEN. ES GIBT EINIGE ALTERNATIVEN,
DIE SICH AUCH GUT FÜR DIE LOW-CARB-ERNÄHRUNG EIGNEN.

Beim Low-Carb-Backen stehen mehrere Süßungsmittel zur Verfügung. Zu den bekanntesten zählen Erythrit, Xylit (= Birkenzucker) und Stevia. Während Erythrit und Xylit annähernd die gleiche Süßkraft wie Zucker haben, ist pures Stevia ungefähr 300-mal süßer! Der Vorteil von Erythrit und Xylit ist also, dass man sie wie Zucker zum Backen verwenden kann. Man muss weder Rezepte umrechnen, noch ändert sich die Konsistenz des Teiges maßgeblich, da die Masse die gleiche bleibt. Laut Herstellern ist Xylit 1:1 zu Zucker zu verwenden, während Erythrit angeblich nur 70 % der Süßkraft von Zucker hat. Ich habe aber in der Praxis festgestellt, dass es mir vollkommen ausreicht, Erythrit 1:1 zu verwenden. Doch wie immer sind Geschmäcker verschieden, und du kannst natürlich auch mehr Erythrit verwenden, wenn du es etwas süßer magst.

Erythrit und Xylit gibt es mittlerweile neben der Kristallform auch als Puderzuckerersatz („Staub-Erythrit"), was die Einsatzmöglichkeiten noch mal erweitert!

WARUM STEHT AUF DER VERPACKUNG, DASS ERYTHRIT UND XYLIT 100% KOHLENHYDRATE HABEN?

Chemisch gesehen sind Xylit und Erythrit Kohlenhydrate, daher müssen sie mit 100 g Kohlenhydrate pro 100 g Produkt angegeben werden. Wichtig ist aber die Kategorie „verwertbare Kohlenhydrate" oder „verstoffwechselbare Kohlenhydrate". Diese Zahl gibt an, wie viele Kohlenhydrate tatsächlich in deinem Körper bleiben. Alle anderen passieren deinen Körper lediglich und werden dann wieder ausgeschieden. Wenn also beispielsweise auf der Verpackung von Erythrit steht: „Kohlenhydrate: 100 g, davon verwertbare Kohlenhydrate: 0 g", dann ist für dich die zweite Zahl von Bedeutung!

WOHER STAMMEN DIE SÜSSUNGSMITTEL?

Erythrit zählt zu den Zuckeralkoholen und ist ein natürlicher Zuckerersatzstoff, der in der Natur zum Beispiel in Melonen, Birnen oder Champignons vorkommt (nicht zu verwechseln mit Fructose). Es ist der einzige Zuckerersatzstoff, der vom Körper nicht verstoffwechselt wird. Somit hat es einen glykämischen Index von 0, der Insulinspiegel steigt nicht an. Erythrit hat auch keine Kalorien und ist wesentlich besser verträglich als Xylit.

Xylit zählt ebenso zu den Zuckeralkoholen und wird aus der Birkenrinde gewonnen. Laut Herstellern hat auch Xylit keine verstoffwechselbaren Kohlenhydrate. Leider löst Xylit bei vielen Menschen, besonders bei jenen, die einen empfindlichen Verdauungstrakt haben oder Xylit zum ersten Mal essen, erhebliches Unwohlsein aus, das sich in Blähungen, Krämpfen und/oder Durchfall äußert.

WAS IST BESSER, ERYTHRIT ODER XYLIT?

Schon aufgrund seiner schlechteren Verträglichkeit verwende ich Xylit gar nicht. Ich habe außerdem einige Xylit-Studien gelesen, die bezweifeln, dass Xylit keine verstoffwechselbaren Kohlenhydrate hat. Die Studien behaupten, dass Xylit sehr wohl Kohlenhydrate hat, und diese führen dazu, dass der Insulinspiegel steigt. Da wir im Bistro auch viele Diabetiker als Kunden haben, möchte ich kein Risiko eingehen und verwende Xylit daher auch aus diesen Gründen nicht.

WAS IST STEVIA?

Stevia wird aus der Pflanze Stevia rebaudiana gewonnen und ist in seiner puren Form eher selten erhältlich. Meist wird es verändert, sodass es nur noch die doppelte Süßkraft von Zucker hat. Mit dieser Verarbeitung geht allerdings eine höhere Zahl von Kohlenhydraten einher, da das Stevia gestreckt wird. In seiner puren Form ist Stevia als ganz feines Pulver zu bekommen. Dieses ist sehr süß (etwa 300-mal süßer als Zucker) und daher zum Backen von Süßspeisen nicht unbedingt geeignet. Man könnte

zwar die Rezepte umrechnen, müsste dann allerdings auch die Zugabe von flüssigen Zutaten ändern. Die Teige wären sonst viel zu flüssig, da die Masse des Zuckers fehlen würde.

WOZU VERWENDET MAN DENN STEVIA?

Stevia ist die kleine Geheimwaffe für Flüssigkeiten wie Sirupe oder auch Fruchtaufstriche. Xylit und Erythrit lösen sich schlechter und kristallisieren daher beim Erkalten leichter, wenn sie einen zu großen Teil des Rezepts ausmachen. Das ist bei Sirupen und Fruchtaufstrichen meist der Fall. Daher verwendet man bei diesen Rezepten am besten nur wenig Erythrit und Xylit (ca. 25 % der Gesamtmasse) und mischt es mit Stevia, um die Süßkraft zu erhöhen. So kristallisiert der fertige Sirup nicht.

HONIG & AGAVENDICKSAFT: FREUND ODER FEIND IN DER LOW-CARB-KÜCHE?

Honig und Agavendicksaft sind besonders gut zum Süßen von Getränken oder auch zum Karamellisieren von Speisen geeignet. Allerdings haben sie einen hohen Wert an Kohlenhydraten, daher bitte nur in geringen Mengen verwenden. Zum Backen eignen sich Zuckerersatzstoffe besser, die eine zuckerähnliche Konsistenz haben. Sie geben dem Teig die nötige Festigkeit und sind hitzebeständig.

MEHRSTÖCKIGE HEIDELBEER-MASCARPONE-TORTE

so schön und so lecker

ZUTATEN
für 12 Personen

Für den Boden

100 g Zartbitterschokolade
   (mind. 80 % Kakaoanteil)
100 g Butter
2 Eier (M)
120 g Erythrit
50 g Kakaopulver (ungesüßt)
120 g Mandelmehl
2 TL Backpulver

Für Creme und Belag

200 g Sahne
150 g Staub-Erythrit
500 g Mascarpone
50 g weiche Butter
500 g frische Heidelbeeren

Außerdem

2 Springformen (Ø 15 cm)
Butter für die Formen

DURCHSCHNITTLICHE NÄHRWERTANGABEN
pro Stück

kcal 470
kJ 1964
Protein 9,4 g
Kohlenhydrate 29,7 g
davon verwertbare
   Kohlenhydrate 7,2 g
davon Zucker 6,5 g
Fett 44,2 g

1. Den Backofen auf 170 °C Ober- und Unterhitze vorheizen. Die Spring-formen ausfetten.

2. Die Schokolade mit der Butter im Wasserbad schmelzen lassen, dann beiseitestellen.

3. Die Eier zusammen mit dem Erythrit sehr schaumig aufschlagen. Nun die Butter-Schokoladen-Mischung unterheben.

4. Kakaopulver, Mandelmehl und Backpulver darübersieben und alles vorsichtig vermengen.

5. Den Teig nun auf die Springformen verteilen und im vorgeheizten Backofen auf der mittleren Schiene ungefähr 20 Minuten backen. Stäbchenprobe machen. Herausnehmen und auf einem Kuchengitter auskühlen lassen.

6. Für die Creme die Sahne steif schlagen. Staub-Erythrit, Mascarpone und Butter untermischen und etwa 1 Minute weiterschlagen.

7. Die Heidelbeeren in einem Sieb waschen und gut abtropfen lassen. Nun die Hälfte der Creme auf einen Tortenboden streichen und mit der Hälfte der Heidelbeeren belegen. Den zweiten Tortenboden vorsichtig daraufsetzen, ebenfalls mit Creme bestreichen und schließlich mit den restlichen Heidelbeeren belegen.

8. Servieren und ohne schlechtes Gewissen genießen!

TIPP
Wenn du eine ganz besondere Torte planst, kannst du dieses Rezept noch um ein oder zwei Etagen erweitern.

Mini-Tartes mit
gemischten Beeren

Mini-Zitronen-Tartes

MINI-ZITRONEN-TARTES

süß und sauer

ZUTATEN

für 12 Stück

Für den Teig

130 g Staub-Erythrit
150 g weiche Butter
90 g Mandelmehl
1 Ei (M)
Salz

Für die Füllung

50 g Staub-Erythrit
2 Eigelb (M)
1 Eiweiß (M)
Saft von 1 Zitrone
abgeriebene Schale von
    2 Bio-Zitronen
30 g Butter

Außerdem

Muffinblech
Butter für das Blech
12 Papierförmchen

DURCHSCHNITTLICHE NÄHRWERTANGABEN

pro Stück

kcal 137
kJ 575
Protein 3,6 g
Kohlenhydrate 15,4 g
davon verwertbare
    Kohlenhydrate 0,4 g
davon Zucker 0,3 g
Fett 13,3 g

1. Den Backofen auf 150 °C Ober- und Unterhitze vorheizen. Das Muffinblech sorgfältig ausfetten.

2. Alle Zutaten sowie eine Prise Salz für den Teig verkneten. Den Teig in Folie wickeln und etwa 15 Minuten in den Kühlschrank stellen.

3. Den Teig in 12 Teile teilen, diese kreisförmig dünn ausrollen und in die Mulden des Muffinblechs drücken. Im vorgeheizten Backofen auf der mittleren Schiene ungefähr 30 Minuten vorbacken.

4. In der Zwischenzeit für die Füllung Staub-Erythrit, Eigelb und Eiweiß in einem Topf verrühren und erhitzen.

5. Zitronensaft und Zitronenschale dazugeben und vom Herd nehmen. Die Butter schmelzen, hinzufügen und unterrühren. Die Masse noch einmal erhitzen, bis sie zähflüssig wird.

6. Das Muffinblech aus dem Ofen nehmen und die Masse auf die Teigförmchen verteilen. Dann nochmals ungefähr 30 Minuten backen. Herausnehmen und vollständig auskühlen lassen.

7. Anschließend die Muffins in die dekorativen Papierförmchen stellen, servieren und ohne schlechtes Gewissen genießen!

TIPP

Wenn die Füllung leicht orange-goldbraun wird, sind die Zitronen-Tartes fertig!

MINI-TARTES MIT GEMISCHTEN BEEREN

klein und fein

ZUTATEN
für 12 Stück

Für den Teig
150 g weiche Butter
130 g Staub-Erythrit
90 g Mandelmehl
1 Ei (M)
Salz

Für die Füllung
50 g Staub-Erythrit
2 Eigelb (M)
1 Eiweiß (M)
200 g gemischte Beeren
   (frisch oder TK)
30 g Butter

Außerdem
Muffinblech
Butter für das Blech
12 Papierförmchen

DURCHSCHNITTLICHE NÄHRWERTANGABEN
pro Stück

kcal 143
kJ 598
Protein 3,8 g
Kohlenhydrate 16,3 g
davon verwertbare
   Kohlenhydrate 1,3 g
davon Zucker 1,2 g
Fett 13,4 g

1. Den Backofen auf 150 °C Ober- und Unterhitze vorheizen. Das Muffinblech sorgfältig ausfetten.

2. Alle Zutaten sowie eine Prise Salz für den Teig verkneten. Den Teig in Folie wickeln und etwa 15 Minuten in den Kühlschrank stellen.

3. Den Teig in 12 Teile teilen, diese kreisförmig dünn ausrollen und in die Mulden des Muffinblechs drücken. Im vorgeheizten Backofen auf der mittleren Schiene ungefähr 30 Minuten vorbacken.

4. In der Zwischenzeit für die Füllung Staub-Erythrit, Eigelb und Eiweiß in einem Topf verrühren und erhitzen.

5. Frische Beeren zerkleinern und hinzugeben. Wenn TK-Beeren verwendet werden, diese in einem separaten Topf erhitzen und dann zur Erythrit-Eiermasse geben.

6. Die Butter zerlassen und ebenfalls hinzugeben. Die Flüssigkeit eine Weile köcheln lassen, bis eine zähflüssige Masse entsteht.

7. Das Muffinblech aus dem Ofen nehmen und die Masse auf die Teigförmchen verteilen. Dann nochmals ungefähr 30 Minuten backen. Herausnehmen und vollständig auskühlen lassen.

8. Anschließend die Muffins in die dekorativen Papierförmchen stellen, servieren und ohne schlechtes Gewissen genießen!

TIPP
Wenn du möchtest, lege ein paar Beeren für die Deko zur Seite!

APFEL-ZIMT- TARTE

für die Weihnachtstafel

ZUTATEN

für 16 Stück

Für den Boden

100 g Erythrit
150 g Butter
100 g Mandelmehl
3 Eier (M)
1 Prise Zimt

Für den Belag

3 Äpfel (rote oder gelbe)
80 g braunes Erythrit
1 Prise Zimt

Außerdem

Tarteform (Ø 28 cm)
Butter für die Form

DURCHSCHNITTLICHE NÄHRWERTANGABEN

pro Stück

kcal 106
kJ 442
Protein 3,1 g
Kohlenhydrate 14,9 g
davon verwertbare
   Kohlenhydrate 3,65 g
davon Zucker 3,3 g
Fett 8,5 g

1. Den Backofen auf 170 °C Ober- und Unterhitze vorheizen. Die Tarteform ausfetten.
2. Das Erythrit mit Butter, Mandelmehl, Eiern und Zimt gut verkneten und den Teig in die Tarteform drücken.
3. Die Äpfel entkernen und in dünne Scheiben von etwa 0,5 cm schneiden. In einer Pfanne mit dem braunen Erythrit und dem Zimt bei mittlerer Hitze karamellisieren. Vorsicht: sehr heiß!
4. Die Apfelscheiben auf dem Teig verteilen und im vorgeheizten Backofen auf der mittleren Schiene ungefähr 30–35 Minuten backen.
5. Servieren und ohne schlechtes Gewissen genießen!

TIPP

Braunes Erythrit ist eine besondere Sorte, die karamellisieren kann! Es schmeckt ähnlich wie brauner Zucker und sieht auch so aus.

NUSS-NOUGAT-BOMBE

eine süße Offenbarung

ZUTATEN

für 12 Personen

Für den Boden

2 Eier (M)

50 g Erythrit

50 g Butter

50 g Mandelmehl

20 g gemahlene Mandeln

10 g Kakaopulver ungesüßt

1 TL Backpulver

Für die Creme

250 g Sahne

40 g Staub-Erythrit

250 g Mascarpone

200 g Nuss-Nougat-Creme
  (Rezept s. S. 130)

Außerdem

Springform (Ø 22 cm)

Butter für die Form

**DURCHSCHNITTLICHE
NÄHRWERTANGABEN**

pro Stück

kcal 247

kJ 1034

Protein 4,7 g

Kohlenhydrate 11,9 g

davon verwertbare
  Kohlenhydrate 2,26 g

davon Zucker 1,7 g

Fett 24,5 g

1. Den Backofen auf 170 °C Ober- und Unterhitze vorheizen. Die Springform sorgfältig ausfetten.

2. Die Eier mit dem Erythrit sehr schaumig aufschlagen.

3. Butter etwas aufwärmen, bis sie sehr weich ist, und hinzugeben. Anschließend Mandelmehl und die gemahlenen Mandeln unterziehen.

4. Kakao auf die Masse sieben, Backpulver hinzufügen und unterrühren.

5. Den Teig in die Springform geben und im vorgeheizten Backofen auf der mittleren Schiene ungefähr 10–15 Minuten backen. Stäbchenprobe machen. Herausnehmen und in der Springform auskühlen lassen.

6. In der Zwischenzeit für die Creme die Sahne steif schlagen. Anschließend Staub-Erythrit und Mascarpone unterheben.

7. Die Sahne-Mascarpone-Mischung auf dem Tortenboden verteilen und diesen dann etwa 2 Stunden in den Kühlschrank stellen.

8. Die Nuss-Nougat-Creme im Wasserbad kurz erwärmen, bis sie so flüssig wird, dass man sie gut verteilen kann.

9. Die Torte aus dem Kühlschrank nehmen und die Nuss-Nougat-Creme oben auf der Sahne verteilen.

10. Die Torte erneut etwa 3 Stunden kühlen, dann aus der Springform lösen, servieren und ohne schlechtes Gewissen genießen!

ROTE HERZTORTE MIT GRANATAPFEL

romantisch und herzlich

ZUTATEN
für 12 Personen

Für den Boden

4 Eier (M)
100 g Erythrit
100 g Butter
100 g Joghurt
80 g Mandelmehl
1 TL Backpulver
1 TL Natron
ein paar Tropfen rote
    Lebensmittelfarbe, nach Belieben

Für Creme und Dekoration

200 g Sahne
100 g Staub-Erythrit
500 g Mascarpone
ein paar Tropfen
    rote Lebensmittelfarbe
1 Granatapfel

Außerdem

Herzform
Butter für die Form
Spritzbeutel

DURCHSCHNITTLICHE NÄHRWERTANGABEN
pro Stück

kcal 321
kJ 1343
Protein 6,0 g
Kohlenhydrate 23,0 g
davon verwertbare
    Kohlenhydrate 6,3 g
davon Zucker 6,5 g
Fett 30,2 g

1. Den Backofen auf 180 °C Ober- und Unterhitze vorheizen. Die Herzform gründlich ausfetten.
2. Die Eier mit dem Erythrit sehr schaumig aufschlagen.
3. Die Butter zerlassen und auf Zimmertemperatur abkühlen lassen. Dann mit dem Joghurt sowie 50 ml lauwarmem Wasser vermengen und unter die Eiermasse rühren.
4. Mandelmehl, Backpulver und Natron hinzugeben, vermengen und den Teig nach Belieben einfärben.
5. Den Teig in die Herzform geben und im vorgeheizten Backofen auf der mittleren Schiene ungefähr 30 Minuten backen. Stäbchenprobe machen. Herausnehmen und auf einem Kuchengitter auskühlen lassen.
6. In der Zwischenzeit für die Creme die Sahne steif schlagen. Das Staub-Erythrit, den Mascarpone und Lebensmittelfarbe untermischen und weitere 2 Minuten schlagen.
7. Den Granatapfel in der Mitte durchschneiden und mit einem Löffel die Kerne herausklopfen.
8. Den ausgekühlten Tortenboden einmal waagerecht durchschneiden und den unteren Boden vollständig mit etwa zwei Drittel der Creme bedecken. Hierzu verwendest du am besten einen Spritzbeutel mit runder Tülle. Dann vereinzelt Granatapfelkerne auf der Creme verteilen. Den zweiten Tortenboden vorsichtig daraufsetzen und die restliche Creme am Rand aufspritzen. In die Mitte kommen die restlichen Granatapfelkerne.
9. Servieren und ohne schlechtes Gewissen genießen!

TIPP
Wenn du keine Herzform zur Hand hast, kannst du auch eine runde Form (Ø 22 cm) verwenden!

SCHOKOLADENTORTE MIT HIMBEERSCHAUM

zum Dahinschmelzen

ZUTATEN

für 12 Stück

Für den Boden

70 g Zartbitterschokolade
   (mind. 80 % Kakaoanteil)
2 Eier (M)
80 g Erythrit
1 EL Kakaopulver (ungesüßt)
100 g Mandelmehl
1 TL Backpulver

Für die Creme

200 g Himbeeren (TK)
500 g Sahne
1 EL Quark
50 g Staub-Erythrit

Außerdem

Tortenring oder Springform
   (Ø 15 cm)
Butter für die Form
Spritzbeutel

DURCHSCHNITTLICHE NÄHRWERTANGABEN

pro Stück

kcal 195
kJ 813
Protein 6,0 g
Kohlenhydrate 14,5 g
davon verwertbare
   Kohlenhydrate 3,67 g
davon Zucker 1,8 g
Fett 16,7 g

1. Den Backofen auf 160 °C Ober- und Unterhitze vorheizen. Die Springform ausfetten oder ein Backblech mit Backpapier belegen und den Tortenring daraufsetzen.

2. Die Schokolade in Stücke brechen und im Wasserbad schmelzen. Anschließend ein wenig abkühlen lassen. Die Eier mit dem Erythrit sehr schaumig aufschlagen.

3. Die geschmolzene Schokolade zur Eiermasse geben und gut vermengen. Dann Kakao, Mandelmehl und zum Schluss Backpulver hinzugeben und unterheben.

4. Den Teig in den Tortenring oder die Springform geben und im vorgeheizten Backofen auf der mittleren Schiene ungefähr 30–35 Minuten backen. Stäbchenprobe machen! Den Boden herausnehmen und auf einem Kuchengitter gut auskühlen lassen.

5. In der Zwischenzeit für die Creme die Himbeeren in einem Topf erwärmen, bis sie zerfallen, dann abkühlen lassen. Die Sahne steif schlagen und Himbeeren, Quark und Staub-Erythrit untermischen.

6. Die Creme mit einem Spritzbeutel oder einem Löffel in kleinen Häubchen auf den Boden auftragen.

7. Servieren und ohne schlechtes Gewissen genießen!

TIPP

Besonders schön wird die Torte, wenn du mit einer Sterntülle kleine Rosetten aufträgst.

SCHWARZWÄLDER KIRSCHTORTE

Der Klassiker

ZUTATEN

für 16 Personen

Für den Boden

500 g Kirschen
100 g Butter
200 g Zartbitterschokolade
   (mind. 80 % Kakaoanteil)
6 Eier (M)
120 g Erythrit
1 Prise Salz
100 g Mandelmehl
2 TL Backpulver

Für Creme und Dekoration

5 Blatt Gelatine
750 g Sahne
150 g Staub-Erythrit
50 g Zartbitterschokolade
   (mind. 80 % Kakaoanteil)

Außerdem

Springform (Ø 24 cm)
Butter für die Form
Spritzbeutel

DURCHSCHNITTLICHE NÄHRWERTANGABEN

pro Stück

kcal 465
kJ 1941
Protein 7,1 g
Kohlenhydrate 27,2 g
davon verwertbare
   Kohlenhydrate 10,33 g
davon Zucker 9,0 g
Fett 43,5 g

1. Den Backofen auf 180 °C Ober- und Unterhitze vorheizen. Die Springform ausfetten. Die Kirschen waschen und entsteinen.

2. Die Butter mit der Schokolade im Wasserbad schmelzen und zunächst beiseitestellen.

3. Die Eier trennen. Eiweiß mit dem Erythrit steif schlagen. In einer separaten Schüssel Eigelb mit Salz schaumig schlagen. Nun die Butter-Schokolade-Mischung zum Eigelb geben und vermengen. Alles zum Eiweiß geben und unterziehen. Mandelmehl sowie Backpulver darübersieben und eben-falls vorsichtig unterheben.

4. Den Teig in die Springform geben und im vorgeheizten Backofen auf der mittleren Schiene ungefähr 20 Minuten backen. Stäbchenprobe machen. Herausnehmen und auf einem Kuchengitter auskühlen lassen, dann aus der Form lösen.

5. In der Zwischenzeit für die Creme die Gelatine in einer Schüssel mit kaltem Wasser 5 Minuten einweichen. Die Sahne mit dem Staub-Erythrit steif schlagen. Die Gelatine gut ausdrücken, mit 5 EL der geschlagenen Sahne in einen Topf geben. Bei schwacher Hitze unter Rühren erwärmen, bis die Gelatine aufgelöst ist.

6. Die warme Gelatine-Mischung unter die kalte Sahne heben.

7. Den ausgekühlten Tortenboden einmal waagerecht durchschneiden. Die untere Hälfte mit Sahnecreme bestreichen und mit ungefähr ein Drittel der Kirschen belegen.

8. Nun den zweiten Tortenboden daraufsetzen und diesen ebenfalls mit Sahne und Kirschen belegen.

9. Die Schokolade mit einem Messer in kleine Stücke hacken.

10. Anschließend die gesamte Torte mit Sahnecreme bestreichen, mit Kirschen und Schokoladenflocken verzieren.

11. Servieren und ohne schlechtes Gewissen genießen!

TIPP
Wenn dir Kirschen zu viele Kohlenhydrate haben, kannst du das Rezept natür-lich auch mit anderem Obst machen!

MÖHRENTARTE

österliche Festtarte

ZUTATEN

für 12 Personen

6 Möhren
170 g Erythrit
170 ml Rapsöl
2 Eier (M)
100 g Mandelmehl
50 g gemahlene Mandeln
1 Prise Muskatnuss
1 Prise Salz
etwas Staub-Erythrit

Außerdem

Tarteform (Ø 20–22 cm)
Butter für die Form

DURCHSCHNITTLICHE NÄHRWERTANGABEN

pro Stück

kcal 47
kJ 198
Protein 4,4 g
Kohlenhydrate 18,2 g
davon verwertbare
   Kohlenhydrate 4,03 g
davon Zucker 3,8 g
Fett 1,0 g

1. Backofen auf 180 °C Ober- und Unterhitze vorheizen. Die Tarteform gründlich ausfetten.

2. Möhren grob raspeln. In einer separaten Schüssel Erythrit und Öl vermischen. Dann Eier und geraspelte Möhren hinzufügen und unterrühren.

3. Mandelmehl mit gemahlenen Mandeln, Muskatnuss und Salz vermischen, zur Erythrit-Öl-Masse geben und gut vermengen.

4. Den Teig in die Tarteform geben und im vorgeheizten Backofen auf der mittleren Schiene ungefähr 30–40 Minuten backen. Die Stäbchenprobe nicht vergessen!

5. Die Tarte herausnehmen, auf einem Kuchengitter auskühlen lassen und vor dem Servieren mit Staub-Erythrit bestreuen.

6. Servieren und ohne schlechtes Gewissen genießen!

TIPP

Wenn du keine Tarteform in der angegebenen Größe hast, kannst du auch eine Springform oder einen Tortenring verwenden.

STAPELTÖRTCHEN MIT VANILLE

vanillige Offenbarung

ZUTATEN

für 6 Stück

Für die Böden

100 g Butter
100 g Joghurt
4 Eier (M)
120 g Erythrit
150 g Mandelmehl
1 TL Natron
1 TL Backpulver
1 TL Bourbon Vanille
   (oder Mark von 1 Vanilleschote)

Für die Creme

250 g Sahne
200 g Mascarpone
1 TL Bourbon Vanille
   (oder Mark von 1 Vanilleschote)

Außerdem

6 Tortenringe (Ø 8 cm)
Spritzbeutel

DURCHSCHNITTLICHE NÄHRWERTANGABEN

pro Stück

kcal 487
kJ 2000
Protein 15,1 g
Kohlenhydrate 24,1 g
davon verwertbare
   Kohlenhydrate 4,1 g
davon Zucker 4,1 g
Fett 44,0 g

1. Den Backofen auf 180 °C Ober- und Unterhitze vorheizen. Ein Backblech mit Backpapier belegen und die Tortenringe daraufsetzen.

2. Die Butter zerlassen und auf Zimmertemperatur abkühlen lassen. Dann mit dem Joghurt vermischen.

3. Die Eier zusammen mit dem Erythrit sehr schaumig aufschlagen. Die Butter-Joghurt-Mischung dazugeben und verrühren.

4. Nun die restlichen Zutaten für die Böden nach und nach hinzugeben und vorsichtig unterheben.

5. Den Teig auf die Tortenringe verteilen. Im vorgeheizten Backofen auf der mittleren Schiene ungefähr 20 Minuten backen. Herausnehmen und die Böden auf einem Kuchengitter auskühlen lassen.

6. Sobald die Küchlein ganz ausgekühlt sind, diese einmal waagerecht durchschneiden.

7. Für die Creme die Sahne steif schlagen und die restlichen Zutaten untermischen. Ungefähr zwei Drittel der Creme mit einem Spritzbeutel oder einem Löffel auf die jeweils unteren Hälften der Törtchen auftragen und die Deckel daraufsetzen. Mit der restlichen Creme die Törtchen verzieren.

8. Servieren und ohne schlechtes Gewissen genießen!

APRIKOSEN-QUARK-TORTE

erfrischend und cremig

ZUTATEN

für 16 Personen

5 Aprikosen
10 Eier
1 kg Quark
1 EL Rapsöl
abgeriebene Schale von
    1 Bio-Zitrone
100 g Erythrit
40 g Whey Proteinpulver mit
    Vanillegeschmack
1 TL Bourbon Vanille
    (oder Mark von 1 Vanilleschote)
1 TL Backpulver

Außerdem
Springform (Ø 24 cm)
Butter für die Form

DURCHSCHNITTLICHE NÄHRWERTANGABEN

pro Stück

kcal 76
kJ 318
Protein 9,3 g
Kohlenhydrate 10,1 g
davon verwertbare
    Kohlenhydrate 3,85 g
davon Zucker 2,6 g
Fett 2,3 g

1. Den Backofen auf 170 °C Ober- und Unterhitze vorheizen. Die Spring-form sorgfältig ausfetten.
2. Die Aprikosen waschen, halbieren und entkernen.
3. Die Eier trennen. Eiweiß zu festem Schnee schlagen, Eigelb in einer separaten Schüssel mit Quark, Öl, Zitronenschale, Erythrit, Proteinpulver und Vanille cremig rühren.
4. Die Quarkmasse unter das Eiweiß heben, Backpulver hinzugeben und unterziehen. Den Teig in die Springform füllen. Aprikosen darauf ver-teilen und leicht in den Teig drücken.
5. Im vorgeheizten Backofen auf der mittleren Schiene ungefähr 60 Minuten backen. Herausnehmen und auf einem Kuchengitter auskühlen lassen.
6. Servieren und ohne schlechtes Gewissen genießen!

TIPP
Bedecke die Torte
beim Backen mit Back-
papier, damit sie oben
nicht zu dunkel
wird!

DREISTÖCKIGE NUSS-CREME-TÖRTCHEN

dreifach gut

ZUTATEN

für 12 Stück

Für die Muffins

150 g Butter
4 Eier (M)
120 g Erythrit
5 EL Joghurt
150 g Haselnussmehl
1 TL Backpulver
1 TL Natron

Für die Creme

200 g Sahne
150 g Staub-Erythrit
500 g Mascarpone
100 g Walnusskerne

Außerdem

Muffinblech
12 Papierförmchen
Spritzbeutel

DURCHSCHNITTLICHE NÄHRWERTANGABEN

pro Stück

kcal 371
kJ 1552
Protein 10,1 g
Kohlenhydrate 26,9 g
davon verwertbare
    Kohlenhydrate 4,39 g
davon Zucker 3,8 g
Fett 34,6 g

1. Den Backofen auf 170 °C Ober- und Unterhitze vorheizen. Die Mulden des Muffinblechs mit den Papierförmchen auskleiden. Die Butter zerlassen und zum Abkühlen beiseitestellen.

2. Die Eier mit dem Erythrit sehr schaumig aufschlagen. Zerlassene Butter und Joghurt untermischen. Zuerst das Haselnussmehl, danach Backpulver und Natron hinzufügen und verrühren.

3. Den Teig in die Förmchen füllen und im vorgeheizten Ofen 20–25 Minuten auf der mittleren Schiene backen. Die Muffins herausnehmen und auskühlen lassen.

4. Die abgekühlten Muffins jeweils zweimal horizontal durchschneiden.

5. Die Sahne steif schlagen und Staub-Erythrit sowie Mascarpone unterheben. 12 Walnusskerne beiseitelegen, die restlichen fein hacken und unter die Mascarponecreme rühren.

6. Die Creme großzügig mit einem Löffel oder einem Spritzbeutel auf die Böden auftragen. Danach jeweils einen zweiten Boden auflegen. Auch auf diesem jeweils die Creme verteilen, dann den obersten Boden daraufsetzen. Zuoberst noch einen kleinen Klecks Creme geben und darauf 1 Walnusskern platzieren. Mit allen Muffins so verfahren.

7. Servieren und ohne schlechtes Gewissen genießen!

ERDBEERTORTE MIT COOKIE-BODEN

easy, ohne Backen

ZUTATEN
für 12 Personen

Für den Boden
100 g Butter
200 g Chocolate Chip Cookies
(Rezept s. S. 124)

Für die Creme
200 g Erdbeeren
8 Blatt Gelatine
200 g Sahne
100 g Staub-Erythrit
250 g Mascarpone
100 g Frischkäse
1 TL Bourbon Vanille
(oder Mark von 1 Vanilleschote)

Für die Dekoration
200 g Erdbeeren

Außerdem
Springform (Ø 18 cm)
Butter für die Form

DURCHSCHNITTLICHE NÄHRWERTANGABEN
pro Stück

kcal 306
kJ 1279
Protein 4,0 g
Kohlenhydrate 16,2 g
davon verwertbare
Kohlenhydrate 4,24 g
davon Zucker 4,1 g
Fett 30,5 g

1. Die Butter zerlassen. Währenddessen die Cookies in der Küchenmaschine zerkleinern und die Springform ausfetten. Cookies und Butter gut miteinander vermischen und auf den Boden der Form drücken.

2. Die Erdbeeren waschen, die Blattrosette entfernen und die Früchte pürieren. Gelatine in einer Schüssel mit kaltem Wasser 5 Minuten einweichen.

3. In der Zwischenzeit die Sahne mit dem Staub-Erythrit steif schlagen. In einer separaten Schüssel Mascarpone und Frischkäse verrühren und dann Vanille hinzufügen.

4. 5 EL der Sahne-Erythrit-Mischung für die Gelatine abnehmen. Erdbeerpüree zur Mascarpone-Creme geben und danach unter die Sahne heben.

5. Die Gelatine gut ausdrücken, mit den 5 EL der geschlagenen Sahne in einen Topf geben. Bei schwacher Hitze unter Rühren erwärmen, bis die Gelatine aufgelöst ist.

6. Die warme Gelatine-Mischung unter die Mascarponecreme heben und die Creme auf dem Tortenboden verstreichen.

7. Mindestens 4 Stunden im Kühlschrank durchziehen lassen, dann vorsichtig aus der Springform lösen und mit den gewaschenen und nach Belieben halbierten Erdbeeren dekorieren.

8. Servieren und ohne schlechtes Gewissen genießen!

ZITRONEN-ORANGEN-TORTE

erfrischend und cremig

ZUTATEN

für 12 Personen

Für den Boden
3 Eier (M)
1 Prise Salz
100 g Erythrit
40 g gemahlene Mandeln
abgeriebene Schale von ½ Bio-Zitrone
abgeriebene Schale von ½ Bio-Orange

Für die Creme
10 Blatt Gelatine
200 g Sahne
150 g Staub-Erythrit
300 g Mascarpone
300 g Quark
abgeriebene Schale von ½ Bio-Zitrone
abgeriebene Schale von ½ Bio-Orange

Für die Dekoration
1 Bio-Orange

Außerdem
Springform (Ø 22 cm)
Butter für die Form

DURCHSCHNITTLICHE NÄHRWERTANGABEN

pro Stück
kcal 188
kJ 785
Protein 5,2
Kohlenhydrate 23,3 g
davon verwertbare
   Kohlenhydrate 2,47 g
davon Zucker 2,5 g
Fett 17,6 g

1. Den Backofen auf 180 °C Ober- und Unterhitze vorheizen. Die Springform sorgfältig ausfetten.

2. Die Eier trennen. Eiweiß mit dem Salz steif schlagen, Eigelb in einer separaten Schüssel mit dem Erythrit sehr schaumig schlagen. Gemahlene Mandeln, Zitronen- und Orangenschale hinzugeben und vermischen.

3. Die Masse vorsichtig unter das geschlagene Eiweiß heben.

4. Den Teig in die Springform füllen und im vorgeheizten Backofen auf der mittleren Schiene ungefähr 35 Minuten backen. Herausnehmen und in der Form auskühlen lassen.

5. In der Zwischenzeit für die Creme die Gelatine in einer Schüssel mit kaltem Wasser 5 Minuten einweichen. Die Sahne mit dem Staub-Erythrit steif schlagen und die restlichen Zutaten für die Creme hinzufügen.

6. Die Gelatine gut ausdrücken, mit 5 EL der geschlagenen Sahne in einen Topf geben. Bei schwacher Hitze unter Rühren erwärmen, bis die Gelatine aufgelöst ist. Die warme Gelatine-Mischung unter die kalte Sahne heben.

7. Die Sahnecreme auf dem Tortenboden verteilen.

8. Die Orange für die Dekoration in dünne Scheiben schneiden und auf die Torte legen.

9. Nun die Torte vorsichtig aus der Springform lösen, servieren und ohne schlechtes Gewissen genießen!

MUFFINS, CUPCAKES und CO.

Mandarinen-
Macadamia-Muffins

Cranberry-
Apfel-Muffins

MANDARINEN-MACADAMIA-MUFFINS

die perfekte Kombination

ZUTATEN
für 6 Stück

50 g Butter
2 Eier (M)
90 g Erythrit
120 g Mandelmehl
1 TL Backpulver
1 TL Natron
150 ml Milch
2 Mandarinen
100 g Macadamianüsse

Außerdem

Muffinblech
6 Papierförmchen

DURCHSCHNITTLICHE NÄHRWERTANGABEN
pro Stück

kcal 295
kJ 1236
Protein 13,6 g
Kohlenhydrate 18,6 g
davon verwertbare
  Kohlenhydrate 3,58 g
davon Zucker 3,4 g
Fett 24,4 g

1. Den Backofen auf 170 °C Ober- und Unterhitze vorheizen. 6 Mulden des Muffinblechs mit Papierförmchen auskleiden.
2. Die Butter zerlassen und zum Abkühlen beiseitestellen.
3. Die Eier mit dem Erythrit sehr schaumig aufschlagen. Mandelmehl, Backpulver, Natron, Milch und die zerlassene Butter unterrühren.
4. Die Mandarinen schälen, in Schnitze teilen und dann in Stücke schneiden. Die Macadamianüsse hacken. Die Mandarinen- und Nussstückchen unter den Teig heben.
5. Den Teig in die Förmchen füllen und im vorgeheizten Ofen auf der mittleren Schiene etwa 25 Minuten backen. Anschließend herausnehmen und auskühlen lassen.
6. Servieren und ohne schlechtes Gewissen genießen!

CRANBERRY-APFEL-MUFFINS

fruchtig-winterlich

ZUTATEN

für 6 Stück

50 g Butter
1 Apfel
2 Eier (M)
90 g Erythrit
100 g Mandelmehl
70 g getrocknete Cranberries
1 TL Backpulver
1 TL Natron

Außerdem

Muffinblech
6 Papierförmchen

DURCHSCHNITTLICHE NÄHRWERTANGABEN

pro Stück

kcal 205,50
kJ 860,5
Protein 10,12 g
Kohlenhydrate 15,5 g
davon verwertbare
   Kohlenhydrate 10,58 g
davon Zucker 13,68 g
Fett 10,60 g

1. Den Backofen auf 180 °C Ober- und Unterhitze vorheizen. 6 Mulden des Muffinblechs mit Papierförmchen auskleiden.

2. Die Butter zerlassen und auf Raumtemperatur abkühlen lassen. Den Apfel schälen und in kleine Würfel schneiden.

3. Die Eier mit dem Erythrit sehr schaumig aufschlagen. Anschließend die zerlassene Butter hinzugeben.

4. Dann das Mandelmehl hinzufügen, danach Apfelstücke und Cranberries unterheben. Zum Schluss Backpulver und Natron unter die Masse ziehen.

5. Den Teig in die vorbereiteten Mulden des Muffinblechs füllen und im vorgeheizten Ofen auf der mittleren Schiene 20–25 Minuten backen. Herausnehmen und auskühlen lassen.

6. Servieren und ohne schlechtes Gewissen genießen!

VANILLE-CUPCAKES MIT PEKANNÜSSEN

sündhaft lecker!

ZUTATEN

für 6 Stück

Für die Cupcakes

50 g Butter
2 Eier (M)
50 g Erythrit
20 g Joghurt
100 g Mandelmehl
1 TL Bourbon Vanille
   (oder Mark von 1 Vanilleschote)
1 TL Backpulver
1 TL Natron

Für das Topping

200 g Sahne
500 g Mascarpone
60 g Staub-Erythrit
100 g Pekannüsse

Außerdem

Muffinblech, 6 Papierförmchen
Spritzbeutel

DURCHSCHNITTLICHE NÄHRWERTANGABEN

pro Stück

kcal 685
kJ 2858
Protein 16,10 g
Kohlenhydrate 15 g
davon verwertbare
   Kohlenhydrate 6,67 g
davon Zucker 4,6 g
Fett 65,9 g

1. Den Backofen auf 170 °C Ober- und Unterhitze vorheizen. 6 Mulden des Muffinblechs mit Papierförmchen auskleiden.
2. Die Butter zerlassen und zum Abkühlen beiseitestellen.
3. Die Eier mit dem Erythrit sehr schaumig aufschlagen. Die zerlassene Butter, Joghurt und 50 ml lauwarmes Wasser hinzufügen.
4. In einer separaten Schüssel das Mandelmehl mit Vanille, Backpulver und Natron vermischen, dann unter die Eiermasse heben.
5. Den Teig in die vorbereiteten Mulden des Muffinblechs füllen und im vorgeheizten Ofen auf der mittleren Schiene etwa 15–20 Minuten backen. Herausnehmen und auskühlen lassen.
6. Für das Topping die Sahne steif schlagen und Staub-Erythrit sowie Mascarpone hinzufügen. Einige Pekannüsse für die Dekoration zur Seite legen, die restlichen Pekannüsse hacken und zur Sahnemasse geben.
7. Das Topping großzügig mit einem Löffel oder einem Spritzbeutel auf die Cupcakes auftragen (eine Anleitung dazu findest du ab S. 112) und mit den ganzen Pekannüssen dekorieren.
8. Servieren und ohne schlechtes Gewissen genießen!

ERDBEER-CUPCAKE IN ROSENFORM

zum Valentinstag oder Muttertag

ZUTATEN

für 12 Stück

Für die Cupcakes

150 g Erdbeeren (TK)
100 g Butter
4 Eier (M)
150 g Erythrit, Salz
100 g Joghurt
150 g Mandelmehl
1 TL Backpulver

Für das Topping

3 Blatt Gelatine
500 g Sahne
40 g Staub-Erythrit
150 g frische Erdbeeren
rosa Lebensmittelfarbe,
nach Belieben

Außerdem

Muffinblech und 12 Papierförmchen,
evtl. weitere 12 Papierförmchen
ca. 6 Rosen, schmales Seidenband,
Spritzbeutel

DURCHSCHNITTLICHE NÄHRWERTANGABEN

pro Portion

kcal 239,91
kJ 1004,5
Protein 7,55 g
Kohlenhydrate 19,53 g
davon Zucker 2,18 g
davon verwertbare
    Kohlenhydrate 3,69 g
Fett 21,26 g

1. Zunächst den Backofen auf 180 °C Ober- und Unterhitze vorheizen. Die Mulden des Muffinblechs mit den Papierförmchen auskleiden. Die gefrorenen Erdbeeren nach Packungsanweisung auf Zimmertemperatur auftauen lassen (eventuell über Nacht). Die Butter zerlassen und anschließend zum Abkühlen beiseitestellen.

2. Die Eier mit dem Erythrit und 1 Prise Salz sehr schaumig aufschlagen. Die zerlassene Butter mit dem Joghurt vermischen, anschließend unter die Eiermasse rühren. Die Erdbeeren pürieren und das Erdbeerpüree der Eier-Joghurt-Masse zugeben.

3. In einer separaten Schüssel Mandelmehl und Backpulver miteinander vermengen. Dann auf die Eier-Joghurt-Masse geben und vorsichtig einarbeiten, bis ein gleichmäßiger Teig entsteht.

4. Den Teig in die Förmchen geben. Sie sollten nur zu etwa zwei Dritteln gefüllt sein. Im vorgeheizten Ofen auf der mittleren Schiene 20 Minuten backen. Dann die Cupcakes herausnehmen, vorsichtig aus der Form lösen und gut auskühlen lassen.

5. Für das Topping zuerst die Gelatine in kaltem Wasser etwa 5 Minuten einweichen lassen. Währenddessen die Sahne mit Staub-Erythrit fast steif schlagen. Die Erdbeeren waschen. Einige für die Dekoration beiseitelegen, die restlichen Erdbeeren pürieren.

6. Nun die Gelatine ausdrücken und tropfnass in einem kleinen Topf bei mittlerer Hitze auflösen. In einer separaten Schüssel zunächst ungefähr 4 EL der Sahne mit der aufgelösten Gelatine verrühren. Dann die Gelatine-Mischung zu der übrigen Sahne geben und diese erneut schlagen, bis sie ganz steif ist.

7. Nun die pürierten Erdbeeren unterheben und die Creme nach Belieben mit Lebensmittelfarbe einfärben.

8. Die ausgekühlten Cupcake-Böden vorsichtig aus den Papierförmchen lösen. Sorgfältig die Blätter von den Rosen zupfen, vorsichtig abwaschen und trocken tupfen.

9. Nun die Rosenblätter vorsichtig um die Cupcakes legen, das Geschenkband herumlegen und eine schöne Schleife binden. Alternativ frische Papierförmchen ein wenig ausweiten. Jeweils einen Cupcake-Boden in die Mitte stellen und am Rand entlang die Rosenblätter drapieren.

10. Das Topping in einen Spritzbeutel mit Sterntülle geben und kreisförmig auf den Boden spritzen. Alternativ kann die Creme auch mit einem Löffel platziert werden. Abschließend nach Belieben mit einer frischen Erdbeere dekorieren.

11. Servieren und ohne schlechtes Gewissen genießen!

TIPP

Die Cupcake-Böden
können schon im Voraus
gebacken und eingefroren
werden.

KOKOS-CUPCAKES

wenn's mal schnell gehen soll

ZUTATEN

für 12 Stück

Für die Cupcakes

50 g Butter
3 Eier (M)
120 g Erythrit
200 g Kokosmehl
1 TL Backpulver
1 TL Natron

Für das Topping

500 g Sahne
500 g Mascarpone
5 EL Staub-Erythrit
100 g Kokosflocken

Außerdem

Muffinblech
12 Papierförmchen
Spritzbeutel

DURCHSCHNITTLICHE NÄHRWERTANGABEN

pro Stück

kcal 440
kJ 1841
Protein 7,7 g
Kohlenhydrate 25,5 g
davon verwertbare
  Kohlenhydrate 7,19 g
davon Zucker 5,8 g
Fett 41,3 g

1. Den Backofen auf 170 °C Ober- und Unterhitze vorheizen. Die Mulden des Muffinblechs mit Papierförmchen auskleiden.

2. Die Butter zerlassen und auf Zimmertemperatur abkühlen lassen.

3. Die Eier mit dem Erythrit sehr schaumig aufschlagen. Kokosmehl, Backpulver und Natron unterheben und den Teig in die Förmchen füllen.

4. Im vorgeheizten Ofen auf der mittleren Schiene etwa 20 Minuten backen. Aus dem Backofen nehmen und auskühlen lassen.

5. Für das Topping die Sahne steif schlagen. Mascarpone, Staub-Erythrit und Kokosflocken unterheben und vorsichtig vermengen.

6. Das Topping mit einem Spritzbeutel (eine Anleitung dazu findest du ab S. 112) oder einem Löffel auf die Cupcakes auftragen.

7. Servieren und ohne schlechtes Gewissen genießen!

TIPP

Bei allen Cupcake-Toppings gilt: Wenn du es ein wenig süßer magst, erhöhe einfach die Menge an Staub-Erythrit.

KÜRBISKERN-CUPCAKES MIT VANILLECREME

herbstlich lecker

ZUTATEN

für 6 Stück

Für die Cupcakes

70 g Butter
3 Eier (M)
100 g Erythrit
180 g Kürbiskernmehl
1 TL Backpulver
1 TL Natron

Für das Topping

200 g Sahne
500 g Mascarpone
1 TL Bourbon Vanille
    (oder Mark von 1 Vanilleschote)
70 g Staub-Erythrit
ca. 150 g Kürbiskerne für die
Dekoration

Außerdem

Muffinblech
6 Papierförmchen
Spritzbeutel

DURCHSCHNITTLICHE NÄHRWERTANGABEN

pro Stück

kcal 682
kJ 2854
Protein 25,9 g
Kohlenhydrate 22,5 g
davon verwertbare
    Kohlenhydrate 5,78 g
davon Zucker 4,1 g
Fett 61,6 g

1. Den Backofen auf 170 °C Ober- und Unterhitze vorheizen. 6 Mulden des Muffinblechs mit Papierförmchen auskleiden.

2. Die Butter zerlassen und zum Abkühlen beiseitestellen.

3. Die Eier mit dem Erythrit sehr schaumig aufschlagen. Die zerlassene Butter hinzufügen. Das Kürbiskernmehl mit Backpulver und Natron in einer separaten Schüssel vermischen, dann die trockenen Zutaten unter die Eiermasse heben.

4. Den Teig in die Förmchen füllen und im vorgeheizten Ofen auf der mittleren Schiene etwa 20 Minuten backen. Aus dem Ofen nehmen und auskühlen lassen.

5. Die Sahne steif schlagen. Mascarpone, Vanille und Staub-Erythrit hinzufügen und vorsichtig unterheben.

6. Die Creme großzügig mit einem Löffel oder einem Spritzbeutel auf die Cupcakes auftragen und mit Kürbiskernen dekorieren.

7. Servieren und ohne schlechtes Gewissen genießen!

DER PERFEKTE CUPCAKE

MIT DIESEN TIPPS GELINGEN DIR CUPCAKE-TOPPINGS SICHER UND DU KANNST DEINEN GÄSTEN ECHTE KLEINE KUNSTWERKE PRÄSENTIEREN.

Zunächst muss die Topping-Creme schön fest aufgeschlagen sein. Egal, ob Buttercreme oder Sahnecreme, sie darf nicht zu weich sein. Wenn sie fertig ist, bevor die Törtchen abgekühlt sind, oder wenn dir beim Verarbeiten etwas dazwischenkommt, muss sie unbedingt gekühlt werden!

Dann nimmst du einen Spritzbeutel (ich mag Einweg-Spritzbeutel am liebsten, weil sie am hygienischsten sind), und schneidest die Spitze ab, um deine Tülle hineingeben zu können. Welche Tülle du nimmst, ist dir überlassen. Ich finde immer, dass Tüllen mit den großen Zacken ein besonders schönes Muster ergeben. Aber experimentiere hier ruhig ein bisschen!

Zum Einfüllen der Creme stellst du die Tülle in ein Glas und klappst am besten den oberen Rand des Spritz-beutels um. So tust du dich leichter und es geht nicht so viel daneben. Achtung! Nicht zu viel Creme ein-füllen, mach den Spritzbeutel immer nur etwa halb voll.

Anschließend drehst du den Spritzbeutel um die eigene Achse, um ihn zu verschließen.

Nun drückst du zunächst probehalber etwas Creme her-aus, damit auch die Luft aus dem Spritzbeutel entweicht.

Um ein richtig schönes, großes Cupcake-Topping zu machen, beginnst du in der Mitte des Törtchens und gibst großzügig Creme auf den Boden.

Sobald der Boden bedeckt ist, fängst du an, in die Höhe zu arbeiten: Du ziehst zunächst große Kreise, die immer kleiner werden, bis du oben angekommen bist. Wichtig ist, dass du dabei sehr langsam arbeitest. Wenn du zitterst, versuche, beide Ellbogen am Tisch abzustützen. Wenn du den Spritzbeutel möglichst senkrecht hältst, wird dein Topping schön gerade.

Bist du oben angekommen? Dann hörst du jetzt auf, die Creme herauszudrücken – und erst danach ziehst du den Beutel weg, ansonsten erhältst du eine sehr lange Spitze.

Und fertig ist dein Meisterwerk! Oder ist es noch nicht ganz so meisterlich? Dann übe einfach ein bisschen mit dem nächsten Cupcake. Nicht vergessen: Kleine Fehler gehören dazu, und es ist schön, wenn man sieht, dass du deine Cupcakes selbst gemacht hast.

TIPP
Kauf dir genügend Dekomaterial, dann kannst du ganz einfach Stellen verdecken, die dir nicht so gut gefallen!

MINI-NUSS-GUGELHUPFERL

Klassiker im Mini-Format

ZUTATEN

für 6 Stück

2 Eier (M)
80 g Erythrit
25 ml Rapsöl
200 g gemahlene Mandeln
1 TL Bourbon Vanille
   (oder Mark von 1 Vanilleschote)
1 TL Backpulver
20 g Walnusskerne
50 g Zartbitterschokolade
   (mind. 80 % Kakaoanteil;
   nach Belieben)

Außerdem

Mini-Gugelhupf-Förmchen,
aus Silikon

DURCHSCHNITTLICHE NÄHRWERTANGABEN

pro Stück

kcal 330
kJ 1378
Protein 11,4 g
Kohlenhydrate 17,2 g
davon verwertbare
   Kohlenhydrate 3,85
davon Zucker 3,43 g
Fett 29,9 g

1. Den Backofen auf 180 °C Ober- und Unterhitze vorheizen.
2. Die Eier mit dem Erythrit schaumig aufschlagen. Das Rapsöl unter Rühren hinzufügen. Die gemahlenen Mandeln unterheben und die Vanille sowie das Backpulver dazugeben und vermischen.
3. Die Walnusskerne mit der Hand oder der breiten Seite eines Messers grob zerkleinern und in die Förmchen geben.
4. Den Teig darübergießen und im vorgeheizten Backofen etwa 20 Minuten auf der mittleren Schiene backen. Herausnehmen und auskühlen lassen.
5. Die fertigen Gugelhupferln nach Belieben mit Schokolade überziehen. Dazu die Schokolade schmelzen und mit einem Löffel großzügig über die Gugelhupferln träufeln.
6. Servieren und ohne schlechtes Gewissen genießen!

RED VELVET CUPCAKES MIT FRISCHKÄSETOPPING

edler Genuss

ZUTATEN

für 12 Stück

Für die Cupcakes

100 g Butter
4 Eier (M)
100 g Erythrit
150 g Joghurt
150 g Mandelmehl
1 TL Bourbon Vanille
   (oder Mark von 1 Vanilleschote)
1 TL Backpulver
1 TL Natron, Salz
1 Msp. dunkelrote
   Lebensmittelfarbe (Paste)

Für das Topping

100 g Sahne
200 g Frischkäse
100 g Quark
70 g Staub-Erythrit

Außerdem

Muffinblech, 12 Papierförmchen
Spritzbeutel

DURCHSCHNITTLICHE NÄHRWERTANGABEN

pro Stück

kcal 224
kJ 937
Protein 11,5 g
Kohlenhydrate 16,5 g
davon verwertbare
   Kohlenhydrate 2,33 g
davon Zucker 2,0 g
Fett 18,3 g

1. Den Backofen auf 170 °C Ober- und Unterhitze vorheizen. Die Mulden des Muffinblechs mit den Papierförmchen auskleiden.
2. Die Butter zerlassen und zum Abkühlen beiseitestellen.
3. Die Eier mit dem Erythrit sehr schaumig aufschlagen. Zerlassene Butter, Joghurt und 100 ml lauwarmes Wasser zufügen.
4. In einer separaten Schüssel Mandelmehl, Vanille, Backpulver, Natron und 1 Prise Salz mischen und unter die Eiermasse heben. Den Teig mit Lebensmittelfarbe dunkelrot einfärben.
5. Den Teig in die Förmchen füllen. Im vorgeheizten Ofen auf der mittleren Schiene 20–25 Minuten backen. Herausnehmen und auskühlen lassen.
6. Für das Topping die Sahne steif schlagen. Frischkäse, Quark und Staub-Erythrit unterheben.
7. Das Topping großzügig mit einem Spritzbeutel (s. Anleitung ab S. 112) oder einem Löffel auf die Cupcakes auftragen.
8. Servieren und ohne schlechtes Gewissen genießen!

TIPP

Für zartere Töne eignet sich flüssige Lebensmittelfarbe besonders gut. Eine besonders intensive Farbe erreichst du mit Paste.

SCHOKO-CUPCAKES MIT BUNTEM TOPPING

ein Schokoladenfest!

ZUTATEN

für 12 Stück

Für den Teig

120 g Butter

100 g Zartbitterschokolade
    (mind. 80 % Kakaoanteil)

4 Eier (M)

100 g Erythrit

50 g Rapsöl

100 g Mandelmehl

50 g Kakaopulver (ungesüßt)

1 TL Backpulver

Für das Topping

1000 g Sahne

80 g Staub-Erythrit

abgeriebene Schale von 1 Bio-Orange

je 2 Tropfen Lebensmittelfarben,
    Farbe nach Lust und Laune

Außerdem

Muffinblech, 12 Papierförmchen

Spritzbeutel

DURCHSCHNITTLICHE NÄHRWERTANGABEN

pro Stück

kcal 418

kJ 1750

Protein 8,9 g

Kohlenhydrate 18,7 g

davon verwertbare
    Kohlenhydrate 3,66 g

davon Zucker 0,6 g

Fett 40,9 g

1. Den Backofen auf 170 °C Ober- und Unterhitze vorheizen. Die Mulden des Muffinblechs mit den Papierförmchen auskleiden.

2. Die Butter und die Schokolade in separaten Schüsseln schmelzen und auf Zimmertemperatur abkühlen lassen.

3. Die Eier mit dem Erythrit sehr schaumig aufschlagen. Nach und nach Öl, flüssige Butter und geschmolzene Schokolade vorsichtig untermischen. Dann Mandelmehl, Kakaopulver und Backpulver unterheben.

4. Den Teig in die Förmchen füllen und im vorgeheizten Ofen 20–25 Minuten backen. Herausnehmen und auskühlen lassen.

5. Für das Topping die Sahne steif schlagen. Staub-Erythrit und Orangenschale untermischen. Dann die Lebensmittelfarbe hinzufügen, jede Farbe an einer anderen Stelle. Vorsichtig mit einem Stäbchen oder einem Messer durch die Farben ziehen, sodass die Tropfen sich ausbreiten und Muster bilden. Nicht mehr durchrühren, damit die ganze Farbpalette sichtbar bleibt und die Farben sich nicht vermischen.

6. Die Creme in einen Spritzbeutel mit Tülle nach Wahl füllen und auf den Cupcakes verteilen. Eine Anleitung dazu findest du ab S. 112. Alternativ dazu einen Löffel verwenden.

7. Servieren und ohne schlechtes Gewissen genießen!

TIPP

Tob dich bei der Farbauswahl richtig aus! Du kannst die Farben immer wieder an die Gelegenheiten anpassen!

PFLAUMEN-ORANGEN-CUPCAKES

Vitamine für die ersten kühlen Tage

ZUTATEN
für 6 Stück

Für die Cupcakes
2 Pflaumen
3 Eier (M)
80 g Erythrit
25 ml Rapsöl
90 g Mandelmehl
1 TL Bourbon Vanille
  (oder Mark von 1 Vanilleschote)
1 TL Natron
1 TL Backpulver, Salz

Für das Topping
500 g Sahne
1 EL Quark
50 g Staub-Erythrit
abgeriebene Schale von 1 Bio-Orange
2 Tropfen Orangenaroma,
  nach Belieben
2 Tropfen Lebensmittelfarbe
  (orange), nach Belieben

Außerdem
Muffinblech, 6 Papierförmchen
Spritzbeutel

DURCHSCHNITTLICHE NÄHRWERTANGABEN
pro Stück

kcal 329
kJ 1378
Protein 12,4 g
Kohlenhydrate 23,7 g
davon verwertbare
  Kohlenhydrate 3,72 g
davon Zucker 0,9 g
Fett 29,1 g

1. Den Backofen auf 180 °C Ober- und Unterhitze vorheizen. Die Mulden des Muffinblechs mit den Papierförmchen auskleiden.

2. Die Pflaumen entkernen und in Stückchen schneiden.

3. Eier und Erythrit sehr schaumig schlagen. Das Öl hinzugeben und gründlich verrühren.

4. In einer separaten Schüssel Mandelmehl, Vanille, Natron, Backpulver 1 Prise Salz mischen, dann die Mehlmischung unter die Eiermasse heben. Danach die Pflaumenstückchen unterrühren.

5. Den Teig in die Förmchen füllen und im vorgeheizten Ofen 25–30 Minuten backen. Aus dem Ofen nehmen und auskühlen lassen.

6. Für das Topping die Sahne steif schlagen. Quark, Staub-Erythrit und Orangenschale unterheben. Nach Belieben Orangenaroma hinzugeben und mit Lebensmittelfarbe einfärben. Die Creme in einen Spritzbeutel mit Tülle nach Wahl füllen und auf die Cupcakes spritzen (s. Anleitung ab S. 112) oder mit einem Löffel verstreichen.

7. Servieren und ohne schlechtes Gewissen genießen!

TIPP
Die Pflaumenstückchen können je nach Lust und Laune größer oder kleiner ausfallen.

KEKSE,
PRALINEN

und

KLEINE
KÖSTLICHKEITEN

CHOCOLATE CHIP COOKIES

klassisch gut

ZUTATEN

für 30 Stück

250 g Butter
250 g Erythrit
2 Eier (M)
300 g gemahlene Mandeln
250 g Zartbitterschokolade
    (mind. 80 % Kakaoanteil)
1 TL Bourbon Vanille
    (oder Mark von 1 Vanilleschote)
1 TL Backpulver
1 TL Natron

DURCHSCHNITTLICHE NÄHRWERTANGABEN

pro Stück

kcal 171
kJ 711
Protein 3,3 g
Kohlenhydrate 10,5 g
davon verwertbare
    Kohlenhydrate 2,17 g
davon Zucker 1,7 g
Fett 16,4 g

1. Den Backofen auf 200 °C Ober- und Unterhitze vorheizen. Ein Backblech mit Backpapier belegen. Die Schokolade in kleine Stückchen hacken.
2. Die Butter zerlassen und auf Zimmertemperatur abkühlen lassen. Alle anderen Zutaten hinzufügen und mit einem Knethaken oder den Händen sehr gut verkneten.
3. Den Teig 1 Stunde in den Kühlschrank stellen.
4. Herausnehmen und ungefähr 30 Cookies formen.
5. Cookies auf das Backblech legen und im vorgeheizten Backofen auf der mittleren Schiene ungefähr 10 Minuten backen.
6. Servieren und ohne schlechtes Gewissen genießen!

TIPP
Wenn du große Schoko-Stücke magst, dann hacke die Schokolade nur grob.

KOKOSKUGELN

feine Kokosverführung

ZUTATEN

für 40 Stück

250 g Butter
5 g Kakaopulver (ungesüßt)
630 g Kokosflocken
80 g Kokosmehl
1 TL Bourbon Vanille
   (oder Mark von 1 Vanilleschote)
300 g Staub-Erythrit
4 EL Rum, nach Belieben

DURCHSCHNITTLICHE NÄHRWERTANGABEN

pro Stück

kcal 154
kJ 646
Protein 1,6 g
Kohlenhydrate 9,3 g
davon verwertbare
   Kohlenhydrate 1,8 g
davon Zucker 1,5 g
Fett 15,7 g

1. Die Butter in einer großen Schüssel warm werden lassen, bis sie Zimmertemperatur hat und man sie gut kneten kann.

2. Der Reihe nach Kakaopulver, 130 g Kokosflocken, Kokosmehl, Vanille, Staub-Erythrit und, falls verwendet, Rum unter ständigem Kneten mit der Hand oder mit dem Rührgerät einarbeiten.

3. Wenn sich eine glatte Masse gebildet hat, mit Frischhaltefolie abdecken und 30 Minuten in den Kühlschrank stellen.

4. Herausnehmen und kleine Kugeln formen. Die restlichen Kokosflocken (500 g) in eine Schüssel geben und die Kugeln darin wälzen.

5. Erneut etwa 2 Stunden in den Kühlschrank stellen.

6. Servieren und ohne schlechtes Gewissen genießen!

Nuss-Nougat-Creme ➤

Blueberry
Mousse

NUSS-NOUGAT-CREME

macht süchtig

ZUTATEN
für 1 Glas (ca. 390 g)

20 g Haselnüsse
40 g Walnusskerne
50 g Staub-Erythrit
1 TL Bourbon Vanille
   (oder Mark von 1 Vanilleschote)
25 g Kakaopulver (ungesüßt)
50 g Zartbitterschokolade
   (mind. 80 % Kakaoanteil)
200 g Sahne

Außerdem
Nussmühle

DURCHSCHNITTLICHE NÄHRWERTANGABEN
pro Portion ca. 15 g

kcal 43
kJ 181
Protein 0,8 g
Kohlenhydrate 2,5 g
davon verwertbare
   Kohlenhydrate 0,49 g
davon Zucker 0,1 g
Fett 4,2 g

1. Die Nüsse in einer Pfanne rösten und in der Nussmühle der Küchenmaschine mahlen.
2. Staub-Erythrit, Vanille und Kakaopulver unter die Nüsse mischen.
3. In einem kleinen Topf die Schokolade mit der Sahne erhitzen und kurz aufkochen lassen.
4. Nussmasse unter die Schokoladen-Sahne-Mischung rühren und alles in ein sterilisiertes Glas füllen.
5. Mindestens 1 Stunde in den Kühlschrank stellen, dann servieren und ohne schlechtes Gewissen genießen!
6. Falls dann noch etwas von der Nuss-Nougat-Creme übrig sein sollte, hält sich diese noch etwa weitere 2–3 Wochen im Kühlschrank.

BLUEBERRY MOUSSE

sommerlich-beerig

ZUTATEN

für 4 Personen

200 g Sahne
50 g Staub-Erythrit
50 g Quark
1 Ei
70 g weiche Butter
Saft einer halben Zitrone
Salz
100 g Blaubeeren

Außerdem

4 kleine Förmchen oder Gläser

DURCHSCHNITTLICHE NÄHRWERTANGABEN

pro Portion

kcal 294
kJ 1229
Protein 3 g
Kohlenhydrate 16,3 g
davon verwertbare
    Kohlenhydrate 3,75 g
davon Zucker 2,2g
Fett 30 g

1. Die Sahne steif schlagen.
2. Alle anderen Zutaten – bis auf die Blaubeeren – miteinander sowie 1 Prise Salz vermischen und die Sahne unterheben.
3. Zum Schluss die Blaubeeren hinzufügen und vorsichtig aber gründlich vermischen.
4. Die Mousse in kleine Förmchen füllen und mindestens 4 Stunden kühlen.
5. Servieren und ohne schlechtes Gewissen genießen!

TIPP
Schmeckt sehr lecker als Brotaufstrich, eignet sich aber auch optimal für andere Backrezepte und als Geschenk!

ERDBEER-FRUCHTAUFSTRICH

fruchtig-fein

ZUTATEN

für 4 Gläser

750 g Erdbeeren (frisch oder TK)
15 g Apfelpektin
250 g Staub-Erythrit
Saft von ½ Zitrone

DURCHSCHNITTLICHE NÄHRWERTANGABEN

pro Portion (ca. 60 g)

kcal 4
kJ 15
Protein 0,1 g
Kohlenhydrate 4,4 g
davon verwertbare
    Kohlenhydrate 0,61 g
davon Zucker 0,6 g
Fett 0,0 g

1. Tiefgekühlte Erdbeeren auftauen lassen, die frischen waschen, die Blattrosette entfernen und die Früchte in kleine Stücke schneiden. In einen Topf geben und bei mittlerer Hitze zum Köcheln bringen.
2. Währenddessen das Pektin mit 100 g Staub-Erythrit gut vermischen und unter ständigem Rühren zu den Früchten geben. Bei schwacher Hitze weitere 4 Minuten köcheln lassen, dann das restliche Erythrit (150 g) und den Zitronensaft hinzugeben und noch einmal 3 Minuten köcheln lassen.
3. Gelierprobe machen (s. Tipp). Wenn der Fruchtaufstrich noch nicht fest genug ist, weitere 3 Minuten köcheln lassen.
4. In sterilisierte Gläser füllen und etwa 5 Minuten auf den Kopf stellen, damit sich ein Vakuum bildet. Danach umdrehen und auskühlen lassen. Wie Marmelade ist der Aufstrich so etwa ein Jahr haltbar.
5. Ist das Glas einmal angebrochen, solltest du es kühl lagern und innerhalb einer Woche servieren und ohne schlechtes Gewissen genießen!

TIPP

So machst du die Gelierprobe: Gib mit einem Löffel eine kleine Menge Fruchtaufstrich auf einen Teller und halte ihn schräg. Wenn der Fruchtaufstrich zähflüssig verläuft, ist er fertig!

MOUSSE AU CHOCOLAT

zum Verwöhnen

ZUTATEN

für 6 Personen

220 g Zartbitterschokolade
 (mind. 80 % Kakaoanteil)
70 g Butter
250 g Sahne
50 g Staub-Erythrit
2 Eier (M)
1 Prise Zimt
1 Schuss Rum, nach Belieben

Außerdem

6 kleine Förmchen oder Gläser

DURCHSCHNITTLICHE NÄHRWERTANGABEN

pro Person

kcal 455
kJ 1893
Protein 6,7 g
Kohlenhydrate 16,6 g
davon verwertbare
 Kohlenhydrate 8,28 g
davon Zucker 6,5 g
Fett 42,8 g

1. Die Schokolade mit der Butter im Wasserbad schmelzen, etwas abkühlen lassen.
2. Die Sahne steif schlagen, dabei nach und nach Staub-Erythrit einrieseln lassen.
3. Die Eier sehr schaumig schlagen.
4. Zuerst die Schokoladenmischung, dann die Eier unter die Sahne heben, zuletzt mit Zimt und nach Belieben mit Rum abschmecken.
5. In Förmchen oder Gläser füllen und mindestens 3 Stunden kühlen.
6. Servieren und ohne schlechtes Gewissen genießen!

BUNTE VANILLE-MACARONS

kunterbunt und anspruchsvoll

ZUTATEN

für 12 Stück

Für die Macarons
2 Eiweiß (L, ca. 80 g)
1 Prise Salz
100 g Staub-Erythrit
100 g gemahlene Mandeln
1 TL Backpulver
Lebensmittelfarben, nach Belieben

Für die Füllung
120 g weiche Butter
50 g Staub-Erythrit
1 TL Bourbon Vanille
   (oder Mark von 1 Vanilleschote)

Außerdem
Spritzbeutel

DURCHSCHNITTLICHE NÄHRWERTANGABEN

pro Stück

kcal 126
kJ 527
Protein 2,7 g
Kohlenhydrate 13,1 g
davon verwertbare
   Kohlenhydrate 0,58 g
davon Zucker 0,6 g
Fett 12,7 g

1. Den Backofen auf 130 °C Ober- und Unterhitze vorheizen. Ein Backblech mit Backpapier oder einer Silikonbackmatte belegen.

2. Das Eiweiß mit Salz steif schlagen, dabei nach und nach das Staub-Erythrit hinzugeben. Weiterschlagen, bis ein glänzender Eischnee entsteht.

3. Die gemahlenen Mandeln und das Backpulver unterheben. Die Lebensmittelfarben nach Belieben hinzufügen, jede Farbe an einer anderen Stelle. Nur wenig verrühren (s. Tipp), damit die ganze Farbpalette sichtbar bleibt und die Farben sich nicht vermischen.

4. Den Teig mit einem Spritzbeutel und einer runden Tülle auf dem Backblech zu 24 Kreisen von etwa 3 cm Durchmesser aufspritzen, dabei auf genügend Abstand achten. Vor dem Backen 20 Minuten ruhen lassen.

5. Die Masse im vorgeheizten Backofen auf der mittleren Schiene ungefähr 15 Minuten backen. Danach auskühlen lassen.

6. Für die Füllung die weiche Butter mit dem Staub-Erythrit gut vermengen. Die Vanille unterrühren und die Creme in einen Spritzbeutel mit runder Tülle füllen. Mittig auf die flache Seite einer Macaronhälfte spritzen und mit einer zweiten Hälfte (flache Seite nach unten) bedecken.

7. Noch mal ein paar Stunden in den Kühlschrank stellen, dann servieren und ohne schlechtes Gewissen genießen!

TIPP

Am besten ziehst du mit einem Stäbchen oder einem Messer durch die Farben, sodass die Tropfen sich ausbreiten und Muster bilden. So kann man die einzelnen Farben noch erkennen!

HIMBEERSCHAUM

 *luftig-sommerlich*

ZUTATEN

für 4 Personen

3 Blatt Gelatine
400 g frische Himbeeren
300 g Sahne
Saft von ½ Zitrone
200 g Joghurt
60 g Staub-Erythrit

Außerdem
4 Förmchen

DURCHSCHNITTLICHE NÄHRWERTANGABEN

pro Stück

kcal 296
kJ 1238
Protein 5,0 g
Kohlenhydrate 24,4 g
davon verwertbare
    Kohlenhydrate 9,4 g
davon Zucker 9,4 g
Fett 26,0 g

1. Die Gelatine in einer Schüssel mit kaltem Wasser 5 Minuten einweichen.

2. Die Himbeeren waschen und in einem Topf bei schwacher Hitze sehr weich kochen.

3. Währenddessen die Sahne steif schlagen.

4. Um die Kerne zu entfernen, die Himbeeren nun mit einem Suppenlöffel durch ein Sieb drücken und das Püree auffangen. Das Himbeerpüree wieder erhitzen, Gelatine gut ausdrücken und hinzugeben, dabei ständig rühren, bis die Gelatine sich vollständig aufgelöst hat. Zitronensaft hinzufügen und vom Herd nehmen.

5. Joghurt und Staub-Erythrit sorgfältig vermischen und unter die Himbeeren heben. Sobald die Masse zu gelieren beginnt, die Sahne unterziehen.

6. Die Mousse in Förmchen füllen und mindestens 4 Stunden kalt stellen.

7. Servieren und ohne schlechtes Gewissen genießen!

PANNA COTTA MIT WARMER ERDBEERSAUCE

feines Winterdessert

ZUTATEN

für 4 Personen

Für die Panna Cotta

5 Blatt Gelatine
500 g Sahne
2 Vanilleschoten
70 g Staub-Erythrit

Für die Erdbeersauce

250 g Erdbeeren (TK)
40 g Staub-Erythrit
abgeriebene Schale von
1 Bio-Zitrone

Außerdem

4 Förmchen

DURCHSCHNITTLICHE NÄHRWERTANGABEN

pro Portion

kcal 400
kJ 1674
Protein 3,5 g
Kohlenhydrate 35,2 g
davon verwertbare
  Kohlenhydrate 7,7 g
davon Zucker 7,7 g
Fett 39,9 g

1. Die Gelatine in einer Schüssel mit kaltem Wasser 5 Minuten einweichen.

2. Die Sahne in einem Topf mit dem Mark der Vanilleschoten, den leeren Vanilleschoten und dem Staub-Erythrit aufkochen lassen.

3. Durch ein Sieb abseihen und nochmals bei schwacher Hitze unter Rühren etwa 10 Minuten köcheln lassen.

4. Nun die Gelatine ausdrücken und hinzugeben. Weiterrühren, bis die Gelatine sich vollständig aufgelöst hat.

5. Die Flüssigkeit in 4 Förmchen füllen und mindestens 4 Stunden (besser über Nacht) in den Kühlschrank stellen.

6. Für die Sauce die Erdbeeren in einem Topf erhitzen. Staub-Erythrit und Zitronenschale hinzugeben und abschmecken.

7. Um die Panna Cotta zu lösen, das Förmchen kurz unter warmes Wasser halten. Die Panna Cotta auf einen Teller stürzen, mit der warmen Sauce servieren und ohne schlechtes Gewissen genießen!

REGELN ZUM ABNEHMEN

FOLGENDE REGELN GILT ES ZU BEACHTEN, WENN MAN LANGFRISTIG EINE SCHLANKE FIGUR
HALTEN MÖCHTE – BEI JEDER ERNÄHRUNG, NICHT NUR BEI LOW CARB!

NICHT HUNGERN

Wer regelmäßig hungert, bringt seinen Körper dazu, jede Nahrungszufuhr in den Fettdepots langfristig abzulagern. Denn der Körper schließt aus dem dauernden Hungergefühl auf eine Notsituation und legt Depots für „schlimmere Zeiten" an. Dies ist übrigens auch der Grund, warum man nach einer Verzichtsdiät mehr Gewicht hat als davor, auch wenn die Ernährung der gleichen Gewohnheit folgt wie vor der Diät. In diesen Situationen ist der Stoffwechsel zurückgefahren und muss neu aktiviert werden. Dies kann durch gesunde Ernährung geschehen, die man auch langfristig durchhalten kann, und natürlich durch Sport.

STRESS VERMEIDEN

Leichter gesagt als getan. Doch wer Stress vermeidet, kann auch Fettpolster abbauen. Denn bei Stress wird das Hormon Cortisol ausgeschüttet. Es wird deswegen auch Stresshormon genannt. Durch Cortisol lagert sich vermehrt Fett ab, vor allem in der Bauchregion (abdominales Fett). Es hat nicht nur optische Nachteile, sondern erhöht auch das Herzinfarkt- und Alzheimerrisiko. Besonders gefährlich wird es, wenn die Gewichtszunahme die betroffene Person zusätzlich psychisch belastet und sie so noch mehr Stress empfindet. So entsteht eine Spirale, die zu durchbrechen viel Anstrengung kostet. Eine Möglichkeit bilden ausgleichende Maßnahmen wie Meditation, Yoga oder Bewegung an der frischen Luft.

BEWEGUNG

Ausreichend Bewegung sollte immer auf deinem Plan stehen. Finde eine Sportart, die dir Spaß macht und übe sie eventuell mit Freunden aus. Das erhöht die Motivation.

GENUG TRINKEN

Achte auf genügend Flüssigkeitszufuhr, über den ganzen Tag verteilt. Zwischen 1,5 und 2 l sollten es schon sein. Vermeide aber gesüßte Getränke und solche mit chemischen Süßungsmitteln. Geeignet sind stilles Wasser und ungesüße Tees.

SPASS HABEN

Egal, für welche Ernährungsform du dich entscheidest, wichtig ist, dass du dein Leben genießt und dich nicht von jedem Kilo verrückt machen lässt!

TIPP

Falls es mal gar nicht mehr geht, füllen ein paar kleine Nüsschen zwischendurch die Reserven wieder auf.

FRISCHKÄSE-PRALINEN MIT KOKOS

ganzjährig ein Hit

ZUTATEN
für 15 Stück

100 g Quark
100 g Frischkäse
1 EL Kokosöl
30 g gemahlene Mandeln
10 g Kokosmehl
50 g Staub-Erythrit
1 TL Bourbon Vanille
   (oder Mark von 1 Vanilleschote)
15 ganze Mandeln, gehäutet
200 g Kokosflocken

DURCHSCHNITTLICHE NÄHRWERTANGABEN
pro Stück

kcal 124
kJ 521
Protein 2,6 g
Kohlenhydrate 5,0 g
davon verwertbare
   Kohlenhydrate 1,67 g
davon Zucker 1,1 g
Fett 12,0 g

1. Quark, Frischkäse und Kokosöl in einer großen Schüssel vermischen.
2. Gemahlene Mandeln, Kokosmehl, Staub-Erythrit und Vanille in einer separaten Schüssel vermengen, dann zur Quarkmischung geben.
3. Alles mit den Händen gut verkneten und etwa 15 kleine Kugeln formen. In die Mitte jeder Kugel eine ganze Mandel drücken.
4. Anschließend Pralinen in den Kokosflocken wälzen und für 3 Stunden abgedeckt in den Kühlschrank stellen.
5. Servieren und ohne schlechtes Gewissen genießen!

Mandelige Herzpralinen

Erdbeeren mit Schokokern

ERDBEEREN MIT SCHOKOKERN

klein, aber oho

ZUTATEN

für ca. 20 Stück

500 g Erdbeeren
300 g Zartbitterschokolade
(mind. 80 % Kakaoanteil)
5 EL Rapsöl

DURCHSCHNITTLICHE NÄHRWERTANGABEN

pro Stück

kcal 98
kJ 405
Protein 1,7 g
Kohlenhydrate 4,1 g
davon Zucker 3,3 g
Fett 7,6 g

1. Die Erdbeeren waschen und oben von jeder Erdbeere einen kleinen Deckel abschneiden. Die Deckel beiseitestellen. Mit einem kleinen Löffel ein wenig Fruchtfleisch herauslösen, sodass ein Loch entsteht.
2. Die Schokolade zusammen mit dem Öl im Wasserbad schmelzen.
3. Etwas geschmolzene Schokolade in jedes Loch füllen und den Deckel wieder daraufsetzen.
4. Erdbeeren etwa 10 Minuten in den Kühlschrank stellen.
5. Nun jede Erdbeere vorsichtig anheben und die Spitze in die flüssige Schokolade tauchen.
6. Trocknen lassen, servieren und ohne schlechtes Gewissen genießen!

TIPP

Stelle die Erdbeeren zum Befüllen in einen leeren Eierkarton, dann fallen sie nicht um!

MANDELIGE HERZPRALINEN

romantische Angelegenheit

ZUTATEN

für 15 Stück

Für den Teig

200 g gemahlene Mandeln
2 EL Mandelmus ungesüßt
60 g Staub-Erythrit
20 g weiche Butter

Für die Glasur

200 g Zartbitterschokolade
 (mind. 80 % Kakaoanteil)
3 EL Rapsöl

Außerdem

Cake-Pop-Form (z. B. Herz)

DURCHSCHNITTLICHE NÄHRWERTANGABEN

pro Stück

kcal 449
kJ 1876
Protein 5,2 g
Kohlenhydrate 7,3 g
davon verwertbare
 Kohlenhydrate 3,3 g
davon Zucker 2,6 g
Fett 46,3 g

1. Alle Zutaten für den Teig in eine Schüssel geben und mit den Händen gut verkneten. Dann die Masse 2 Stunden in den Kühlschrank stellen.
2. Nun jeweils eine kleine Teigmenge mit einer Cake-Pop-Form zu einem Herz formen. Mit dem Rest des Teigs ebenso verfahren. Die Herzen wieder 2 Stunden in den Kühlschrank legen.
3. Die Schokolade und das Öl für die Glasur im Wasserbar schmelzen und ein wenig abkühlen lassen.
4. Die Pralinen in die Glasur tauchen und auf Backpapier ablegen. Noch einmal in den Kühlschrank legen, bis die Glasur fest ist.
5. Servieren und ohne schlechtes Gewissen genießen!

TIPP

Wenn du keine Cake-Pop-Form besitzt, kannst du einfach mit den Händen runde Pralinen formen!

KEKSE MIT ERDBEERFÜLLUNG

fruchtig-weicher Kern

ZUTATEN
für 20 Stück

50 g Butter
150 g Staub-Erythrit
2 Eier (M)
200 g Mandelmehl
1 Prise Muskatnuss
1 Prise Zimt
1 TL Backpulver
200 g Erdbeer-Fruchtaufstrich
   (Rezept s. S.132)

DURCHSCHNITTLICHE NÄHRWERTANGABEN
pro Stück

kcal 56
kJ 234
Protein 4,8 g
Kohlenhydrate 10,8 g
davon verwertbare
   Kohlenhydrate 0,8 g
davon Zucker 0,7 g
Fett 3,2 g

1. Den Backofen auf 200 °C Ober- und Unterhitze vorheizen. Ein Backblech mit Backpapier belegen.
2. Die Butter zerlassen und auf Zimmertemperatur abkühlen lassen. Alle anderen Zutaten mit Ausnahme des Fruchtaufstrichs zur Butter geben und mit einem Knethaken oder den Händen sehr gut verkneten.
3. Den Teig zu einer Rolle formen, in Frischhaltefolie wickeln und 15 Minuten in den Kühlschrank legen.
4. Die gekühlte Teigrolle in 20 Scheiben schneiden. Mit dem Daumen jeweils in die Mitte der Scheiben eine Mulde drücken und etwas Fruchaufstrich hineingeben. Mit dem Teig vom Rand die Mulde verschließen und den Keks ein wenig flach drücken, dabei darauf achten, dass der Fruchtaufstrich nicht ausläuft.
5. Die Kekse auf das Backblech legen und im vorgeheizten Backofen auf der mittleren Schiene ungefähr 10–15 Minuten backen.
6. Servieren und ohne schlechtes Gewissen genießen!

KOKOSBUSSERL

knusprige Kleinigkeit

ZUTATEN

für ca. 30 Stück

3 Eiweiß (M)
150 g Erythrit
1 Prise Salz
150 g Kokosraspel
Zitronensaft von ½ Zitrone

DURCHSCHNITTLICHE NÄHRWERTANGABEN

pro Stück

kcal 34,4
kJ 144,1
Protein 0,8 g
Kohlenhydrate 5,5 g
davon verwertbare
   Kohlenhydrate 0,5 g
davon Zucker 0,4 g
Fett 3,3 g

1. Den Backofen auf 180 °C Ober- und Unterhitze vorheizen. Ein Back-blech mit Backpapier belegen.
2. Das Eiweiß mit Erythrit und Salz vermischen und mit dem Handrührgerät oder in der Küchenmaschine steif schlagen. Kokosraspel und Zitronen-saft hinzugeben und alles miteinander vermischen.
3. Auf das Backblech mithilfe eines Löffels kleine Häufchen setzen und im vorgeheizten Backofen auf der mittleren Schiene ungefähr 15 Minuten backen. Die Kokosbusserl sind fertig, wenn sie außen goldbraun sind.
4. Servieren und ohne schlechtes Gewissen genießen!

RUMKUGELN

weihnachtlich-feierlich

ZUTATEN

für 15 Stück

120 g Butter
300 g Zartbitterschokolade
 (mind. 80 % Kakaoanteil)
100 g Staub-Erythrit
5 g Kakaopulver (ungesüßt)
10 ml Rum

Zum Verzieren

200 g geriebene Schokolade,
 Kakaopulver, Kokosflocken oder
 gehackte Pistazien, nach Belieben

DURCHSCHNITTLICHE NÄHRWERTANGABEN

pro Stück

kcal 180
kJ 748
Protein 2,1 g
Kohlenhydrate 10,3 g
davon verwertbare
 Kohlenhydrate 3,68 g
davon Zucker 2,6 g
Fett 16,7 g

1. Die Butter mit der Schokolade im Wasserbad schmelzen.
2. Alle anderen Zutaten zugeben und vermengen, bis eine weiche Masse ohne Klumpen entsteht.
3. In den Kühlschrank stellen, bis die Masse sich formen lässt. Dann mit den Händen 15 kleine Rumkugeln formen und diese in einer Verzierung nach Wahl, zum Beispiel Kokosflocken, wälzen.
4. Servieren und ohne schlechtes Gewissen genießen!

TIPP

Die Kugeln werden beim Formen mit den Händen sehr schnell weich, daher muss man recht schnell arbeiten! Wenn die Masse zu weich geworden ist, stellst du sie einfach noch einmal in den Kühlschrank.

SCHICHTDESSERT MIT KNUSPERKEKSEN

perfekt für Gäste

ZUTATEN

für 4 Personen

Für die Kekse

30 g Butter

2 Eier (M)

90 g Erythrit

50 g Mandelmehl

30 g Kakaopulver (ungesüßt)

1 TL Backpulver

Für die Creme

500 g Mascarpone

80 g Staub-Erythrit

1 TL Bourbon Vanille
   (oder Mark von 1 Vanilleschote)

Außerdem

Spritzbeutel

4 kleine Gläser

DURCHSCHNITTLICHE NÄHRWERTANGABEN

pro Stück

kcal 644

kJ 2695

Protein 16,1 g

Kohlenhydrate 47,8 g

davon verwertbare
   Kohlenhydrate 5,28 g

davon Zucker 5,0 g

Fett 62,0 g

1. Den Backofen auf 180 °C Ober- und Unterhitze vorheizen. Ein Backblech mit Backpapier belegen. Die Butter schmelzen und beiseitestellen, damit sie ein wenig abkühlen kann.

2. Die Eier mit dem Erythrit sehr schaumig aufschlagen. Dann Butter untermischen, Mandelmehl und Kakaopulver darübersieben und unterziehen. Zum Schluss das Backpulver hinzufügen und unterheben.

3. Den Teig in einen Spritzbeutel mit Sterntülle füllen und kleine Rosetten auf das Backblech spritzen. Darauf achten, dass die Rosetten genügend Abstand voneinander haben. Im vorgeheizten Backofen auf der mittleren Schiene ungefähr 10 Minuten backen. Herausnehmen und auskühlen lassen.

4. In der Zwischenzeit alle Zutaten für die Creme miteinander vermischen.

5. Die ausgekühlten Kekse grob zerbröseln. Unten in die Gläser eine Schicht aus Keksen geben, darüber eine Schicht Creme. Diesen Schritt noch einmal wiederholen.

6. Servieren und ohne schlechtes Gewissen genießen!

TIPP

Durch die Rosettenform haben die Kekse eine besonders große Oberfläche und werden schön knusprig. Aber andere Formen schmecken auch.

MACARONS AU CHOCOLAT

hübsch und lecker

ZUTATEN

für 12 Stück

Für die Füllung

500 g Sahne
50 g Butter
400 g Zartbitterschokolade
    (mind. 80 % Kakaoanteil)

Für die Macarons

20 g weiche Butter
100 g Zartbitterschokolade
    (mind. 80 % Kakaoanteil)
2 Eiweiß (L, ca 80 g)
100 g Staub-Erythrit
100 g gemahlene Mandeln
20 g Kakaopulver (ungesüßt)
1 TL Backpulver

DURCHSCHNITTLICHE NÄHRWERTANGABEN

pro Stück

kcal 471
kJ 1957
Protein 8,2 g
Kohlenhydrate 17,9 g
davon verwertbare
    Kohlenhydrate 9,53 g
davon Zucker 5,9 g
Fett 43,0 g

1. Die Zutaten für die Füllung in einen Topf geben, gut verrühren und kurz aufkochen lassen. Über Nacht in den Kühlschrank stellen.
2. Den Backofen auf 130 °C Ober- und Unterhitze vorheizen. Ein Backblech mit Backpapier oder einer Silikonbackmatte belegen.
3. Die Butter mit der Schokolade im Wasserbad schmelzen und fürs Erste beiseitestellen.
4. Eiweiß steif schlagen, dabei nach und nach Erythrit einrieseln lassen. Die gemahlenen Mandeln und den Kakao darübersieben und vorsichtig unterheben. Die Schokoladen-Butter-Mischung und das Backpulver ebenfalls vorsichtig untermischen.
5. Den Teig in einen Spritzbeutel mit runder Tülle geben und 24 Kreise von etwa 3 cm Durchmesser auf das Backblech spritzen. Auf genügend Abstand zwischen den Kreisen achten. Vor dem Backen zunächst 20 Minuten ruhen lassen.
6. Im vorgeheizten Backofen auf der mittleren Schiene ungefähr 15 Minuten backen. Herausnehmen und auskühlen lassen.
7. Die Füllung aus dem Kühlschrank nehmen. Ungefähr 10 EL von der Füllung erwärmen und unter die restliche Masse geben, um sie ein wenig aufzuwärmen. So lässt sie sich leichter verarbeiten. Wenn die Creme warm genug ist, in einen Spritzbeutel mit runder Tülle füllen und mittig auf die flache Seite einer Macaronhälfte spritzen. Mit der anderen Hälfte (flache Seite nach unten) bedecken.
8. Servieren und ohne schlechtes Gewissen genießen!

TIPP

Die Macarons vor dem Servieren nochmals für ein paar Stunden kalt stellen!

Grüner Smoothie

Oranger Smoothie

GRÜNER SMOOTHIE

frühlingsgrüner Muntermacher

ZUTATEN

Für 1 Person

20 g Feldsalat
½ Zitrone
1 Kiwi
50 g Gurke
200 ml Kokosmilch

DURCHSCHNITTLICHE NÄHRWERTANGABEN

pro Portion

kcal 72
kJ 304
Protein 2,0 g
Kohlenhydrate 11,1 g
davon Zucker 11,0 g
Fett 1,5 g

1. Feldsalat putzen und waschen, Zitrone und Kiwi schälen, Gurke waschen.

2. Die Kokosmilch in einen Smoothiemaker oder Mixer gießen.

3. Wer einen Smoothiemaker hat, kann alle Zutaten gleichzeitig zur Kokosmilch geben. Wird ein Mixer verwendet, die Zutaten nacheinander hinzugeben und jeweils warten, bis alles vollständig zerkleinert ist.

TIPP

Du kannst deinen Smoothie durch die Zugabe von Staub-Erythrit etwas süßer machen, wenn du möchtest!

ORANGER SMOOTHIE

Energiekick für den ganzen Tag

ZUTATEN

Für 1 Person

10 g Feldsalat
1 Aprikose
½ Orange
200 ml Buttermilch (oder Kokos-
  bzw. Mandelmilch)

DURCHSCHNITTLICHE NÄHRWERTANGABEN

pro Portion

kcal 150
kJ 633
Protein 8,9 g
Kohlenhydrate 22,7 g
davon Zucker 18,4 g
Fett 1,4 g

1. Feldsalat putzen und waschen, Aprikose entkernen, Orange schälen.
2. Die Buttermilch in einen Smoothiemaker oder Mixer gießen. Du kannst die Buttermilch auch durch Kokos- oder Mandelmilch ersetzen, dann hat der Smoothie noch weniger Kohlenhydrate.
3. Wer einen Smoothiemaker hat, kann alle Zutaten gleichzeitig zur Buttermilch geben. Wird ein Mixer verwendet, die Zutaten nacheinander hinzugeben und jeweils warten, bis alles vollständig zerkleinert ist.

TIPP

Mit Buttermilch zubereitet hat dieser Smoothie etwas mehr Kohlenhydrate, daher ist er besonders gut geeignet, wenn du, z. B vor dem Sport, mehr Kohlenhydrate zu dir nehmen möchtest.

TIRAMISU

italienisches Flair

ZUTATEN

für 6 Personen

Für die Löffelbiskuits

6 Eier (M)
600 g Erythrit
180 g Mandelmehl
1 TL Bourbon Vanille
    (oder Mark von 1 Vanilleschote)
Kaffee nach Belieben
(zwischen 50 ml und 250 ml)
1 Schuss Rum, nach Belieben

Für die Creme

100 g Sahne
50 g Staub-Erythrit
500 g Mascarpone
Kakaopulver (ungesüßt),
    zum Bestreuen

Außerdem

Spritzbeutel
rechteckige Form (25 x 15 cm)

DURCHSCHNITTLICHE NÄHRWERTANGABEN

pro Stück

kcal 222
kJ 927
Protein 20,5 g
Kohlenhydrate 110,8 g
davon verwertbare
    Kohlenhydrate 2,43 g
davon Zucker 1,7 g
Fett 13,0 g

1. Den Backofen auf 200 °C Ober- und Unterhitze vorheizen. Ein Backblech mit Backpapier belegen.

2. Für die Löffelbiskuits die Eier trennen. Eiweiß mit Erythrit steif schlagen, dann die Dotter und anschließend das Mandelmehl und die Vanille vorsichtig unterheben.

3. Die Masse in einen Spritzbeutel ohne Tülle füllen und auf das Backblech Löffelbiskuits von etwa 5 cm Länge auftragen, dabei auf genügend Abstand zwischen den Biskuits achten.

4. Die Löffelbiskuits im vorgeheizten Ofen auf der mittleren Schiene etwa 20 Minuten backen. Herausnehmen und vollkommen auskühlen lassen.

5. In der Zwischenzeit für die Creme die Sahne steif schlagen, dann Staub-Erythrit und Mascarpone unterheben.

6. Kaffee in eine flache Schale geben und, falls du diesen verwenden möchtest, den Rum hinzugeben.

7. Einen Löffelbiskuit in den Kaffee tunken und in die Form legen. Wie sehr du den Biskuit mit Kaffee tränkst, hängt allein von deinem Geschmack ab. So fortfahren, bis der Boden der Form bedeckt ist. Auf die Löffelbiskuits eine Schicht Creme streichen. Dann eine zweite Schicht Löffelbiskuits darüberlegen. So fortfahren, bis alle Biskuits und die Creme verbraucht sind. Mit einer Cremeschicht abschließen und dick mit Kakao bestreuen.

8. Für mindestens 4 Stunden, besser aber über Nacht kühl stellen.

9. Servieren und ohne schlechtes Gewissen genießen!

TIPP

Die Löffelbiskuits sind noch sehr weich, wenn sie aus dem Backofen kommen. Sie werden erst beim Auskühlen hart!

VANILLEMOUSSE IN DER SCHOKOFORM

optischer Hingucker

ZUTATEN

für 5 Personen

Für die Mousse

4 Blatt Gelatine

250 ml Milch

60 g Erythrit

1 TL Bourbon Vanille
   (oder Mark von 1 Vanilleschote)

4 Eigelb (M)

250 g Sahne

Für die Schokoladenformen

200 g Zartbitterschokolade
   (mind. 80 % Kakaoanteil)

3 EL Rapsöl

Außerdem

5 Luftballons

Spritzbeutel

DURCHSCHNITTLICHE NÄHRWERTANGABEN

pro Stück

kcal 542

kJ 2255

Protein 9,9 g

Kohlenhydrate 23,2 g

davon verwertbare
   Kohlenhydrate 11,18 g

davon Zucker 7,6 g

Fett 49,6 g

1. Die Gelatine in einer Schüssel mit kaltem Wasser 5 Minuten einweichen.

2. Milch mit Erythrit und Vanille in einen Topf geben und bei mittlerer Hitze zum Kochen bringen. Kurz aufkochen lassen, dann vom Herd nehmen und 5–10 Minuten abkühlen lassen.

3. Eigelb mit der Milch im warmen Wasserbad aufschlagen, bis eine schöne Creme entsteht.

4. Die Gelatine ausdrücken und in der warmen Creme auflösen. Beiseitestellen und etwa 5 Minuten abkühlen lassen.

5. Nun die Sahne steif schlagen, dann die Creme darunterheben und die Mousse in den Kühlschrank stellen.

6. Für die Schokoladenformen Schokolade mit Öl im Wasserbad schmelzen. Währenddessen 5 kleine Luftballons aufblasen und zu ungefähr 2/3 in die flüssige Schokolade tauchen. In den Kühlschrank legen. Sobald die Schokolade auf den Ballons hart ist, noch einmal in die Schokolade tauchen. Diesen Vorgang ungefähr 3- bis 4-mal wiederholen.

7. Die Mousse und die Schokoformen mindestens 3 Stunden kühl stellen.

8. Luftballons mit einer Nadel zerstechen und aus den Schokoladenformen entfernen. Nun die Mousse in einen Spritzbeutel füllen und in die Schokoladenformen füllen.

9. Servieren und ohne schlechtes Gewissen genießen!

TIPP

Achte beim Aufschlagen im Wasserbad darauf, dass die Masse nicht zu heiß wird, sonst erhältst du Rührei mit Vanille. Und: Mach lieber ein paar Schokoformen mehr, falls dir eine zerbricht.

VANILLE-CAKE-POPS MIT ZIMT

 *süßes Geschenk*

ZUTATEN
für 20 Stück

Für die Cake Pops

150 g weiche Butter
1 Prise Salz
150 g Erythrit
4 Eier (M)
250 ml Milch
210 g Mandelmehl
1 TL Bourbon Vanille
   (oder Mark von 1 Vanilleschote)
1 Prise Zimt
2 TL Backpulver

Für die Glasur

300 g Zartbitterschokolade
   (mind. 80 % Kakaoanteil)
5 EL Rapsöl
Kokosraspeln, gehackte Nüsse,
   Kakaopulver usw. zum Verzieren

Außerdem

Cake-Pop-Maker
20 Cake-Pop-Stiele

DURCHSCHNITTLICHE NÄHRWERTANGABEN
pro Stück

kcal 224
kJ 931
Protein 6,9 g
Kohlenhydrate 11,2 g
davon verwertbare
   Kohlenhydrate 3,7 g
davon Zucker 2,9 g
Fett 19,1 g

1. Den Cake-Pop-Maker auf mittlere bis hohe Temperatur aufheizen.
2. Weiche Butter, Salz und Erythrit sehr schaumig schlagen. In einer separaten Schüssel die Eier sehr schaumig aufschlagen und anschließend zur Buttermasse geben.
3. Die Milch hinzugeben und unterrühren, anschließend die restlichen Zutaten hinzufügen. Gut vermengen.
4. Den Teig in die Cake-Pop-Maker geben und etwa 6 Minuten backen, dann herausnehmen und auskühlen lassen.
5. In der Zwischenzeit die Schokolade mit dem Öl im Wasserbad schmelzen.
6. Jeweils einen Cake-Pop-Stiel etwa 2 cm in die Schokolade tauchen und danach die Schokoladenseite in ein Teigbällchen stecken. So halten die Cake-Pops besser am Stiel. Die Cake-Pops etwa 1 Stunde in den Kühlschrank stellen.
7. Die Schokolade erneut aufwärmen und nun die gesamten Cake-Pops eintauchen. Zum Trocknen am besten einzeln in Gläser stellen oder in eine Styroporplatte stecken.
8. Sobald die Schokolade ein wenig angetrocknet ist, die Cake-Pops nach Lust und Laune verzieren.
9. Danach erneut ungefähr 1 Stunde kalt stellen, servieren und ohne schlechtes Gewissen genießen!

TIPP
Wenn du keinen Cake-Pop-Maker hast, kannst du den Teig in einer Kuchenform backen (15 Min., 180 °C) und Cake Pops mit den Händen formen. Wenn der Teig zu trocken ist, gib etwas Frischkäse hinzu.

VANILLEKIPFERL

auch Weihnachten ein gutes Gewissen

ZUTATEN

für 25 Stück

200 g weiche Butter
50 g Whey Proteinpulver mit Vanille-
geschmack
200 g gemahlene Mandeln
1 TL Bourbon Vanille
   (oder Mark von 1 Vanilleschote)
130 g Staub-Erythrit

DURCHSCHNITTLICHE NÄHRWERTANGABEN

pro Stück

kcal 114
kJ 477
Protein 3,5 g
Kohlenhydrate 5,8 g
davon verwertbare
   Kohlenhydrate 0,64 g
davon Zucker 0,6 g
Fett 11,0 g

1. Den Backofen auf 170 °C Ober- und Unterhitze vorheizen. Ein Backblech mit Backpapier belegen.
2. Proteinpulver, Mandeln, Vanille und 80 g Staub-Erythrit auf die weiche Butter sieben. Den Teig mehrere Minuten mit den Händen oder dem Knethaken der Küchenmaschine sehr gut verkneten.
3. Mit den Händen etwa 25 Kipferl formen und auf das Backblech legen.
4. Im vorgeheizten Backofen auf der mittleren Schiene 10 Minuten backen.
5. Mit dem restlichen Staub-Erythrit (50 g) bestreuen, servieren und ohne schlechtes Gewissen genießen!

PIKANTES
und

HERZHAFTES

KÜRBISKERNBROT

schnell für Zwischendurch

ZUTATEN

für 1 Kastenform

Eiweiß von 10 Eiern (M)
100 g Leinmehl
200 g Kürbiskernmehl
5 g Backpulver
2 g Natron
120 g Kürbiskerne

Außerdem

Kastenform (21 x 11 cm)
Butter für die Form

DURCHSCHNITTLICHE NÄHRWERTANGABEN

pro Scheibe

kcal 96,15
kJ 402,45
Protein 10,97 g
Kohlenhydrate 1,33 g
davon Zucker 0,40 g
Fett 4,49 g

1. Den Backofen auf 180 °C Ober- und Unterhitze vorheizen. Die Kastenform ausfetten oder mit Backpapier belegen.

2. Das Eiweiß sehr steif schlagen. Das Leinmehl mit Kürbiskernmehl, Backpulver und Natron in einer Schüssel vermengen und über den Eischnee sieben. Vorsichtig unterheben!

3. Einige Kürbiskerne zum Bestreuen des Brotes beiseitelegen. Die restlichen Kürbiskerne auf den Boden der Kastenform geben. Den Teig darübergeben und glatt streichen.

4. Im vorgeheizten Ofen auf der mittleren Schiene 40–50 Minuten backen. Stäbchenprobe machen!

5. Das Brot aus dem Ofen nehmen, auskühlen lassen und servieren.

TIPP
Das Brot schmeckt auch sehr lecker frisch aus dem Toaster!

KNUSPRIGE BLUMENKOHLLAIBCHEN

wie Nockerl, nur besser

ZUTATEN
für 15 Stück

500 g Blumenkohl
200 g junger Gouda
1 Stange Lauch
100 g Mandelmehl
3 Eier (M)
Salz
Pfeffer
Muskatnuss
2 Knoblauchzehen, gepresst
Öl zum Braten

DURCHSCHNITTLICHE NÄHRWERTANGABEN
pro Laibchen

kcal 83,13
kJ 345,67
Protein 7,59 g
Kohlenhydrate 2,45 g
davon Zucker 1,97 g
Fett 4,36 g

1. Den Blumenkohl in Röschen teilen und sehr weich kochen.
2. In der Zwischenzeit den Käse raspeln, den Lauch putzen und in schmale Ringe schneiden.
3. Den Blumenkohl etwas abkühlen lassen, dann mit einer Gabel zerdrücken. Die restlichen Zutaten – außer Öl – hinzufügen und alles mit den Händen gut verkneten. Die Masse abschmecken und eventuell nachwürzen. Mit den Händen 15 Laibchen formen.
4. In einer Pfanne das Öl erhitzen und die Laibchen darin bei mittlerer Hitze portionsweise knusprig braun braten.
5. Servieren und ohne schlechtes Gewissen genießen!

KÄSESTANGERL AUS SOJAMEHL

ideal zum Mitnehmen

ZUTATEN
für 9 Stück

Für den Teig
Eiweiß von 4 Eiern (M)
Salz
100 g Sojamehl
100 g Rapsöl

Zum Bestreichen
1 Ei (M)
150 g Mozzarella

DURCHSCHNITTLICHE NÄHRWERTANGABEN
pro Stück

kcal 194,89
kJ 814,89
Protein 9,29 g
Kohlenhydrate 0,74 g
davon Zucker 0,40 g
Fett 16,94 g
davon gesättigte
   Fettsäuren 3,73 g
Ballaststoffe 2,11 g
Salz 0,2 g

1. Den Backofen auf 200 °C Ober- und Unterhitze vorheizen. Ein Backblech mit Backpapier belegen.
2. Das Eiweiß und 1 Prise Salz mit dem Handrührgerät oder der Küchenmaschine steif schlagen. Das Sojamehl mit dem Knethaken gut einarbeiten. Das Rapsöl und 100 ml lauwarmes Wasser hinzugeben und weiter kneten, bis ein glatter Teig entstanden ist.
3. Aus dem Teig 9 Käsestangerl formen. Da der Teig seine Form beim Backen nur minimal verändert, kann man ihm schon jetzt die Form geben, die die Käsestangerl auch nach dem Backen haben sollen. Der Kreativität sind dabei keine Grenzen gesetzt.
4. Das Ei verquirlen. Mozzarella grob reiben und mit dem Ei vermischen. Die Stangerl gleichmäßig mit der Käse-Ei-Mischung bestreichen.
5. Im vorgeheizten Ofen auf der mittleren Schiene etwa 30 Minuten backen, dann herausnehmen.
6. Die Käsestangerl kann man warm oder abgekühlt servieren.

TIPP
Damit der Teig nicht an den Fingern kleben bleibt, die Hände immer wieder in kaltes Wasser tauchen und mit feuchten Händen arbeiten.

Chicken Burger

Mini-Tacos
mit Hühnchen

MINI-TACOS MIT HÜHNCHEN

Mexican Fingerfood

ZUTATEN

für 6 Tacos

Für den Teig

300 g Gouda (oder ein anderer Schnittkäse)

Für die Füllung

1 Zwiebel

2 Knoblauchzehen

1 rote Paprikaschote

1 Hühnerbrust

Öl zum Braten

Pfeffer

Salz

Chiliflocken

Currypulver

Außerdem

2 leere Küchenpapierrollen

DURCHSCHNITTLICHE NÄHRWERTANGABEN

pro Taco

kcal 252,6

kJ 1050,40

Protein 24,56 g

Kohlenhydrate 2,28 g

davon Zucker 2,22 g

Fett 16,02 g

1. Den Backofen auf 170 °C Ober- und Unterhitze vorheizen. Ein Backblech mit Backpapier belegen. Die Küchenpapierrollen ebenfalls mit Backpapier ummanteln. Sie dienen später als Former für die Taco Shells.

2. Den Käse grob reiben und in 6 Kreisen auf dem Backblech ausstreuen.

3. Im vorgeheizten Ofen auf der mittleren Schiene etwa 10 Minuten backen, bis die Käsestücke zusammenschmelzen und eine flache Scheibe bilden. Nicht zu dunkel werden lassen!

4. Aus dem Ofen nehmen und etwa 3 Minuten abkühlen lassen. Das ausgetretene Fett abtupfen.

5. Jeweils 3 Käsekreise auf eine Rolle Küchenpapier geben. An die Rundung legen und so Tacos formen. Erkalten lassen.

6. In der Zwischenzeit die Zwiebel schälen und würfeln, Knoblauch schälen und fein hacken. Die Paprika entkernen und würfeln, das Hühnerfleisch ebenfalls in Würfel schneiden.

7. In einer Pfanne etwas Öl erhitzen und die Zwiebel bei mittlerer Hitze anbraten. Den Knoblauch hinzufügen. Paprika und Hühnerfleisch dazugeben, sobald die Zwiebel glasig ist. Das Fleisch von allen Seiten anbraten.

8. Mit Pfeffer, Salz und nach Belieben mit Chiliflocken und Currypulver würzen. Etwa 10 Minuten braten, bis das Fleisch gar ist. Dann vom Herd nehmen, die Füllung in die Tacos geben und servieren.

TIPP

Schmeckt auch hervorragend mit einer Hackfleischfüllung!

CHICKEN BURGER

fast besser als das Original

ZUTATEN

für 2 Burger

Für die Brötchen

2 Eier (M)
2 EL Quark
40 g Sojamehl
1 TL Backpulver
etwas Sesam

Für den Belag

2 Hühnerbrüste
Salz
Pfeffer
Öl zum Braten
3 Blatt Eisbergsalat
1 Tomate, in Scheiben geschnitten
Mayonnaise, Ketchup oder
   andere Saucen, nach Belieben
   (zuckerfrei!)

DURCHSCHNITTLICHE NÄHRWERTANGABEN

pro Burger

kcal 394,5
kJ 1648,00
Protein 61,50 g
Kohlenhydrate 4,30 g
davon Zucker 3,80 g
Fett 13,35 g

1. Den Backofen auf 200 °C Ober- und Unterhitze vorheizen. Ein Backblech mit Backpapier belegen.

2. Die Eier nacheinander in eine Schüssel geben und mit der Küchenmaschine oder dem Handrührgerät verquirlen. Unter ständigem Rühren den Quark hinzugeben. Wenn alles gut vermengt ist, das Sojamehl und zum Schluss das Backpulver hinzufügen.

3. Mit einem Löffel den Teig auf dem Backblech zu 4 flacheren Kreisen von jeweils 8 cm Durchmesser ausstreichen. 2 Kreise mit Sesam bestreuen. Im vorgeheizten Ofen auf der mittleren Schiene etwa 10 Minuten backen. Dann die Brötchenhälften herausnehmen und etwas abkühlen lassen.

4. In der Zwischenzeit die Hühnerbrüste in einer Pfanne mit etwas Öl bei mittlerer Hitze braten und mit Salz und Pfeffer würzen.

5. Hühnerbrüste, Salat und Tomatenscheiben auf der sesamfreien Seite des Brötchens verteilen, nach Belieben mit Mayonnaise, Ketchup oder anderen Saucen garnieren und die mit Sesam bestreute Seite daraufsetzen.

6. Servieren und ohne schlechtes Gewissen genießen!

MINI PIZZA TONNO

wie beim Lieblingsitaliener

ZUTATEN
für 4 Stück

Für den Teig
3 Eier (M)
50 g Frischkäse
50 g Quark
Salz

Für den Belag
4 EL Tomatensauce
200 g Mozzarella
50 g Thunfisch (aus der Dose,
   im eigenen Saft)
½ rote Zwiebel
schwarze Oliven, nach Belieben
Oregano
Pfeffer

DURCHSCHNITTLICHE NÄHRWERTANGABEN
pro Pizza

kcal 262,50
kJ 1097,75
Protein 18,33 g
Kohlenhydrate 3,10 g
davon Zucker 2,22 g
Fett 19,70 g

1. Den Backofen auf 170 °C Ober- und Unterhitze vorheizen. Ein Backblech mit Backpapier belegen.
2. Die Eier trennen und das Eiweiß steif schlagen (Eigelb anderweitig verwenden). Frischkäse, Quark und 1 Prise Salz hinzufügen und alles gut vermischen.
3. Den Teig auf dem Backblech zu 4 runden Pizzaböden ausstreichen. Die Böden mit der Tomatensauce bestreichen. Dann mit Mozzarella, Thunfisch, Zwiebel und nach Belieben mit Oliven belegen. Nach Geschmack mit Oregano und Pfeffer würzen.
4. Im vorgeheizten Ofen auf der mittleren Schiene etwa 15 Minuten backen.
5. Servieren und ohne schlechtes Gewissen genießen!

MUFFINBROT

fürs Sonntagsfrühstück

ZUTATEN

für 12 Stück

Eiweiß von 3 Eiern (M)
70 g Rapsöl
20 g Leinmehl
60 g Mandelmehl
Salz
Sonnenblumen- oder Kürbiskerne,
nach Belieben
1 TL Backpulver

Außerdem

Muffinblech
Sprühfett oder Butter für das Blech
Hitzebeständige Schale

DURCHSCHNITTLICHE NÄHRWERTANGABEN

pro Brot

kcal 78,58
kJ 328,6729
Protein 3,80 g
Kohlenhydrate 0,42 g
davon Zucker 0,19 g
Fett 6,56 g

1. Den Backofen auf 170 °C Ober- und Unterhitze vorheizen. Ein Muffinblech gut mit Sprühfett oder Öl ausfetten.

2. Das Eiweiß mit dem Handrührgerät oder der Küchenmaschine steif schlagen. Das Rapsöl unterheben. Das geschieht am besten mit der Hand, damit die feinen Luftbläschen im Eiweiß nicht zerstört werden.

3. Leinmehl, Mandelmehl, 1 Prise Salz und nach Belieben Sonnenblumen- oder Kürbiskerne hinzufügen und – ebenfalls mit der Hand – unterheben. Zum Schluss das Backpulver unterziehen.

4. Die hitzebeständige Schale mit Wasser füllen und auf den Boden des Backofens stellen.

5. Den Teig in die Formen füllen und im vorgeheizten Ofen auf der mittleren Schiene etwa 30 Minuten backen.

6. Die Muffinbrote herausnehmen, auskühlen lassen oder noch warm servieren und ohne schlechtes Gewissen genießen!

TIPP
Arbeite schnell, damit die Luft nicht aus dem Teig entwischt!

VEGETARISCHE PIKANTE SCHNITTE

herrlich mit Paprika

ZUTATEN

für 10 Stück

50 g Butter
1 weiße Zwiebel
1 gelbe Paprika
1 rote Paprika
Öl zum Braten
1 Ei (M)
200 g Joghurt
150 g Leinmehl
1 TL Salz
2 TL Pfeffer
1 Knoblauchzehe
1 TL Backpulver
    Sesam zum Bestreuen,
    nach Belieben

Außerdem

rechteckige Backform (25 x 35 cm)
Butter für die Form

DURCHSCHNITTLICHE NÄHRWERTANGABEN

pro Stück

kcal 121,8
kJ 508,40
Protein 6,23 g
Kohlenhydrate 4,5 g
davon Zucker 2,97 g
Fett 7,51 g

1. Den Backofen auf 180 °C Ober- und Unterhitze vorheizen. Die Backform ausfetten.
2. Die Butter zerlassen und auf Raumtemperatur abkühlen lassen. Die Zwiebeln schälen und hacken. Die beiden Paprika entkernen und in kleine Würfel schneiden.
3. In einer Pfanne etwas Öl erhitzen und die Zwiebeln darin bei mittlerer bis niedriger Hitze anbraten, bis sie glasig werden. Vom Herd nehmen und in eine Schüssel geben.
4. Ei und Joghurt zu den Zwiebeln geben, die zerlassene Butter hinzufügen und alles miteinander verrühren.
5. Leinmehl, Salz und Pfeffer hinzufügen und die Knoblauchzehe dazu pressen. Nun noch das Backpulver hinzugeben und alles gut vermischen.
6. Den Teig in die Backform füllen, nach Belieben mit Sesam bestreuen und im vorgeheizten Ofen auf der mittleren Schiene 20–25 Minuten backen.
7. Servieren und ohne schlechtes Gewissen genießen!

TIPP
Schmeckt auch
kalt sehr gut, oder
mit einem
Joghurt-Dip!

SPINAT-MUFFINS

Popeyes Low-Carb-Spezialität

ZUTATEN

für 6 Stück

70 g Butter
3 Eier (M)
300 g Spinat (frisch oder
 TK, aufgetaut)
70 g Feta
50 g Mandelmehl
Salz
Pfeffer
1 TL Backpulver

Außerdem
Muffinblech
Butter für das Blech

DURCHSCHNITTLICHE NÄHRWERTANGABEN

pro Stück

kcal 193
kJ 805
Protein 10,20 g
Kohlenhydrate 1,20 g
davon Zucker 0,90 g
Fett 15,90 g

1. Den Backofen auf 170 °C Ober- und Unterhitze vorheizen. Das Muffin-blech sorgfältig ausfetten.

2. Die Butter zerlassen und auf Raumtemperatur abkühlen lassen.

3. Die Eier mit der Butter aufschlagen. Anschließend Spinat und Feta hinzu-fügen und unterheben. Dann Mandelmehl, je 1 Prise Salz und Pfeffer sowie Backpulver hinzugeben und gut miteinander vermengen.

4. Den Teig in die Mulden des Muffinblechs füllen.

5. Im vorgeheizten Ofen auf der mittleren Schiene 20–25 Minuten backen.

6. Herausnehmen, servieren und ohne schlechtes Gewissen genießen!

PIKANTE VEGGIE-MUFFINS

>>> → *mediterrane Köstlichkeiten* ← «<

ZUTATEN
für 6 Stück

50 g Butter
10 Cherrytomaten
1 rote Zwiebel
2 g Basilikum
   (getrocknet oder frisch)
60 g Käse (Gouda oder Bergkäse)
1 Ei (M)
Salz
Pfeffer
100 ml Milch
80 g Leinmehl
1 Knoblauchzehe
1 TL Backpulver

Außerdem

Muffinblech
6 Papierförmchen

DURCHSCHNITTLICHE NÄHRWERTANGABEN
pro Muffin

kcal 167
kJ 698
Protein 8,30 g
Kohlenhydrate 3,40 g
davon Zucker 2,10 g
Fett 12,30 g

1. Den Backofen auf 170 °C Ober- und Unterhitze vorheizen. Die Mulden des Muffinblechs mit den Papierförmchen auskleiden.
2. Die Butter zerlassen und auf Raumtemperatur abkühlen lassen.
3. Cherrytomaten in kleine Stücke schneiden, Zwiebel hacken. Falls frisches Basilikum verwendet wird, die Blätter fein hacken. Den Käse grob reiben. Alles beiseitestellen.
4. Das Ei mit Salz, Pfeffer, zerlassener Butter und Milch verrühren und kurz mit dem Schneebesen schlagen, um ein wenig Luft einzuarbeiten.
5. Das Leinmehl sehr vorsichtig unterziehen.
6. Nun Tomaten- und Zwiebelstücke sowie gehacktes Basilikum und geriebenen Käse hinzufügen. Die Knoblauchzehe hineinpressen und alles gut vermischen.
7. Zum Schluss das Backpulver hinzugeben und verrühren. Den Teig sofort in die Muffinformen füllen und im vorgeheizten Ofen auf der mittleren Schiene 20–25 Minuten backen.
8. Servieren und ohne schlechtes Gewissen genießen!

PIKANTE RÄUCHER-LACHS-PANCAKES

ideal zum Brunch

ZUTATEN

für 6 Stück

Für den Teig

2 reife Bananen
3 Eier (M)
Salz
50 ml Milch
6 EL Whey Proteinpulver
Öl zum Braten

Für den Belag

Schnittlauch, nach Belieben
Petersilie, nach Belieben
200 g Frischkäse
Salz
Pfeffer
200 g Räucherlachs

DURCHSCHNITTLICHE NÄHRWERTANGABEN

pro Pancake

kcal 280,00
kJ 1174,83
Protein 26,55 g
Kohlenhydrate 2,28 g
davon Zucker 7,98 g
Fett 15,75 g

1. Die Bananen schälen und mit einer Gabel zerdrücken.

2. Die Eier und 1 Prise Salz hinzufügen und alles gut vermischen. Anschließend die Milch dazugeben und gut verrühren.

3. Unter ständigem Rühren das Eiweißpulver unterziehen und darauf achten, dass es nicht verklumpt.

4. Für den Belag die Kräuter hacken und unter den Frischkäse rühren, mit Salz und Pfeffer abschmecken.

5. In einer Pfanne etwas Öl erhitzen und 2 EL Teig pro Pancake in die Pfanne geben. Die Pancakes bei mittlerer Hitze von beiden Seiten goldbraun braten. Mit dem Rest des Teiges ebenso verfahren.

6. Die fertigen Pancakes jeweils mit etwas Küchenpapier abtupfen und beiseitestellen, bis sie nur noch lauwarm sind.

7. Mit einem Löffel oder einem Spritzbeutel etwas von dem Frischkäse auf den Pancakes platzieren und den Räucherlachs darauf drapieren.

8. Servieren und ohne schlechtes Gewissen genießen!

STEFANIES WEG

DIE THEMEN GESUNDE ERNÄHRUNG UND BEWEGUNG HABEN MICH IMMER SCHON SEHR INTERESSIERT. ICH WOLLTE FÜR MICH EINE ERNÄHRUNGSWEISE FINDEN, DIE NICHT AUF VERZICHT AUFBAUT UND LANGFRISTIG DURCHZUFÜHREN IST. SO BIN ICH ZU LOW CARB GEKOMMEN, UND NUN ERNÄHRE ICH MICH SCHON SEIT VIELEN JAHREN NACH DIESEM PRINZIP.

LOW CARB FÜR MICH

Bei Low Carb ist der Name für mich Programm: Es geht darum, die Kohlenhydrate zu reduzieren. In welchem Ausmaß? Das muss jeder für sich selbst entscheiden. Für manch einen mag es reichen, keine Weizenprodukte am Abend zu essen, und für andere ist eine Kohlenhydrataufnahme von 50 g pro Tag noch zu viel, um die individuellen Ziele zu erreichen.

Ich persönlich habe mit Low Carb den perfekten Weg für mich gefunden, Genuss ohne Verzicht auf Geschmack und Qualität mit Gesundheit und Fitness zu verbinden. Ich nehme durchschnittlich etwa 30 g Kohlenhydrate pro Tag zu mir, wobei ich sie nicht zähle und auch keine komplizierten Aufzeichnungen führe.

Das Tolle an Low Carb ist, dass man nicht viel denken muss, wenn man sich einmal umgestellt hat. Man weiß automatisch, welche Lebensmittel mehr oder weniger Kohlenhydrate enthalten. Neben meiner Arbeit und täglichen Spaziergängen mit meinem Hund betreibe ich pro Woche ungefähr viermal Sport, der sich bei mir in Kraft- und Ausdauersportarten aufteilt.

Ich werde oft gefragt, ob ich keine Leistungseinbußen hatte, seit ich die Kohlenhydrate größtenteils aus meiner Ernährung gestrichen habe – der Mythos, der Körper würde nur auf Basis von Kohlenhydraten Leistung bringen, hält sich offenbar noch immer. Ich kann das für mich nicht feststellen: Ich habe meine sportliche Leistung stark gesteigert und fühle mich fitter denn je.

Natürlich komme ich auch beruflich viel mit Sportlern und Medizinern in Berührung, die sich darin einig sind, dass Sportler nicht zwingend High Carb essen müssen. Ebenso wird die Anzahl an Sportlern, die sich Low Carb ernähren, immer größer.

MEIN WEG

Zu Beginn war es nicht ganz einfach für mich, da das Prinzip der Low-Carb-Ernährung bei uns in Österreich noch nicht sehr verbreitet war. Daher habe ich früh begonnen, viele eigene Rezepte zu kreieren und für mich und andere zu kochen und zu backen.

Vor etwa 4 Jahren, also 2012, als ich schon sehr viele Rezepte zusammengestellt hatte, habe ich bemerkt, dass sich die Low-Carb-Philosophie langsam auch in Österreich verbreitete. Damals habe ich den Entschluss gefasst, jaja's Low Carb Café Bistro zu eröffnen.

Mir liegt nicht daran, Menschen dazu zu bewegen, dass sie jegliche Kohlenhydrate aus ihrer Ernährung verbannen. Ich möchte lediglich zeigen, wie einfach es ist, von unserer Gesellschaft im Übermaß konsumierte Zutaten wie Zucker und Weizen zu reduzieren.

Nach wie vor finde ich es toll, dass ich mit dem jaja's Menschen die Möglichkeit bieten kann, ungesunde Kohlenhydratbomben wie Pizza, Brot oder Kuchen einfach durch etwas Gesundes zu ersetzen! Unser Sortiment erstreckt sich mittlerweile von Low-Carb-Muffins und Cupcakes über Torten und Brot bis hin zu Pizza und Eis ... zudem bieten wir auch Backzutaten an, damit unsere Kunden ihr Lieblingsgebäck selbermachen können Viele weitere Rezepte dafür gibt es auf unserem Blog unter www.jajas.at.

Wir verwenden zum Backen und Kochen die Zutaten, die auch im Onlineshop zu finden sind. Für die süßen Produkte wird meist mit Mandelmehl gearbeitet. Zum Süßen verwenden wir ausschließlich Erythrit. Die jaja's-Produkte ...

- ... haben pro Portion weniger als 5 g Kohlenhydrate (süße Produkte) bzw. weniger als 10 g Kohlenhydrate (pikante Produkte)
- ... unterstützen das Abnehmen und die schlanke Linie
- ... enthalten keinen Zuckerzusatz
- ... werden ohne Weizenmehl hergestellt
- ... enthalten kein Gluten
- ... haben weniger Kalorien als herkömmliche Süßwaren
- ... sind für Diabetiker geeignet
- ... verursachen einen geringeren Anstieg des Blutzuckerspiegels als herkömmliche Speisen
- ... verursachen eine geringere Insulinausschüttung als herkömmliche Speisen
- ... führen nicht zu Heißhunger

Unsere Zentrale ist das Bistro in Wiens 1. Bezirk, wo wir alles produzieren. Von dort aus werden unsere Wiederverkäufer beliefert. Mittlerweile haben wir auch einen Onlineshop (www.jajas.at) und liefern nach Österreich und Deutschland. Wir planen, bald auch in andere Länder zu liefern. Kunden in allen innerstädtischen Bezirken Wiens können unsere Produkte auch über einen Lieferdienst bestellen und bekommen so Österreichs erste Low-Carb-Pizza direkt ins Büro oder nach Hause geliefert.

Ich freue mich darüber, dass ich mit dem jaja's alle unterstützen kann, die Low Carb ausprobieren möchten. Wenn du es auch versuchst, wirst du merken: Low Carb ist ganz einfach umzusetzen, und es tut gut.

REGISTER

Stefanie Javurek

ist passionierte Bäckerin und Köchin. 2013 erfüllte sie sich ihren großen
Traum und gründete Österreichs erstes Low Carb Café Bistro jaja's im 1. Bezirk
in Wien. Dazu gehört auch ein Onlineshop (www.jajas.at), wo gesunde
Low-Carb-Leckereien und Backzutaten angeboten werden.

Ulrike Köb

– Fotografin mit Fotostudio in Wien (www.koeb.at) – hat sich auf Speise- und
Produktfotografie spezialisiert. Mit ihrem eingespielten Team arbeitet sie für
Werbeagenturen, Magazine und Verlage. Die absoluten Lieblingsprojekte sind
Kochbücher. Ihre Stärke ist, Speisen mit den richtigen Requisiten in
Szene zu setzen.

"Today I ate three muffins at jaja's without feeling guilty!"

WEITERE TOLLE BÜCHER

**GLUTENFREI BACKEN
SÜSS UND HERZHAFT**

50 Rezepte für Kuchen,
Kekse, Brot & mehr

128 Seiten, 20 x 23,5 cm

ISBN 978-3-86355-566-5

16,99 €

BALANCED BAKING

60 Rezepte ohne weißen Zucker,
Weißmehl und Butter

144 Seiten, 20 x 23,5 cm

ISBN 978-3-86255-571-9

16,99 €

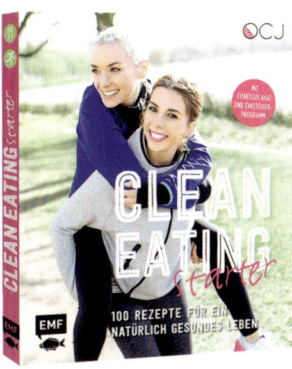

CLEAN EATING STARTER

100 Rezepte für ein natürlich
gesundes Leben

176 Seiten, 22 x 26cm

ISBN 978-3-86255-5321-5

24,99 €

CLEAN EATING TO GO

50 natürliche und gesunde
Rezepte für unterwegs

128 Seiten, 20 x 23,5 cm
ISBN 978-3-86255-550-4
16,99 €

**DETOX POWER UP
YOUR LIFE**

50 Rezepte für ein natürlich
gesundes Leben

176 Seiten, 21 x 6 cm
ISBN 978-3-86255-562-7
24,99 €

**SUPERSÄFTE &
DETOXDRINKS**

Smoothies, Säfte, Infused Water
und andere Powerdrinks

144 Seiten, 20 x 23,5 cm
ISBN 978-3-86255-475-0
14,99 €

Bibliografische Information der Deutschen Bibliothek.

Die Deutsche Bibliothek verzeichnet diese Publikation in der deutschen Nationalbibliografie.
Detaillierte bibliografische Daten sind im Internet über http://www.d-nb.de/ abrufbar.

Alle in diesem Buch veröffentlichten Abbildungen sind urheberrechtlich geschützt und dürfen nur mit ausdrücklicher
schriftlicher Genehmigung des Verlags gewerblich genutzt werden. Eine Vervielfältigung oder Verbreitung der
Inhalte des Buchs ist untersagt und wird zivil- und strafrechtlich verfolgt. Das gilt insbesondere für Vervielfältigungen,
Übersetzungen, Mikroverfilmungen und die Einspeicherung und Verarbeitung in elektronischen Systemen.

Die im Buch veröffentlichten Aussagen und Ratschläge wurden von Verfasserin und Verlag sorgfältig erarbeitet und
geprüft. Eine Garantie für das Gelingen kann jedoch nicht übernommen werden, ebenso ist die Haftung der Verfasserin bzw. des Verlags und seiner Beauftragten für Personen-, Sach- und Vermögensschäden ausgeschlossen.
Bei der Verwendung im Unterricht ist auf dieses Buch hinzuweisen.

EIN BUCH DER EDITION MICHAEL FISCHER
1. Auflage 2016
© 2016 Edition Michael Fischer GmbH, Igling

Covergestaltung: Michaela Zander
Produktmanagement: Saskia Wedhorn
Lektorat: Elke Sagenschneider, München
Layout: Irina Pascenko, München
Satz: Michaela Zander
Fotografie: Ulrike Köb, Wien (www.koeb.at)

ISBN 978-3-86355-571-9

Printed in Slovakia

www.emf-verlag.de